版权所有　翻印必究

在版编目（CIP）数据

态汉语二语学习的认知机制及教学实践研究 / 洪炜等著. -- 广大学出版社, 2025.7. --（中国语言文学文库 / 吴承学，彭玉平主文库）. -- ISBN 978-7-306-08404-0

H195.3

版本图书馆 CIP 数据核字第 2025AX9589 号

：王天琪

：李海东

：李海东

：曾　斌

：曾　斌

：陈晓阳

：靳晓虹

：中山大学出版社

：编辑部 020-84110283，84111996，84111997，84113349
　发行部 020-84111998，84111981，84111160

：广州市新港西路 135 号

：510275　　传　真：020-84036565

：http://www.zsup.com.cn　E-mail：zdcbs@mail.sysu.edu.cn

：广州市友盛彩印有限公司

：787mm×1092mm　1/16　13.25 印张　240 千字

：2025 年 7 月第 1 版　2025 年 7 月第 1 次印刷

：68.00 元

如发现本书因印装质量影响阅读，请与出版社发行部联系调换

本书获中山大学中国语言文学系学科建设

中国语言文学文库·学人文库 吴承学 彭

多模态汉语二语
认知机制及教学

洪炜 等 著

中山大学出版社

·广州·

中国语言文学文库

主　编　吴承学　彭玉平

编　委（按姓氏笔画排序）

　　　　王　琤　　王霄冰　　张　均　　陈伟武

　　　　陈斯鹏　　吴承学　　范常喜　　范　劲

　　　　郭丽娜　　黄仕忠　　彭玉平　　谢有顺

　　　　程相占

总　序

吴承学　彭玉平

中山大学建校将近百年了。1924年，孙中山先生在万方多难之际，手创国立广东大学。先生逝世后，学校于1926年定名为国立中山大学。虽然中山大学并不是国内建校历史最长的大学，且僻于岭南一地，但是，她的建立与中国现代政治、文化、教育关系之密切，却罕有其匹。缘于此，也成就了独具一格的中山大学人文学科。

人文学科传承着人类的精神与文化，其重要性已超越学术本身。在中国大学的人文学科中，中国语言文学学科的设置更具普遍性。一所没有中文系的综合性大学是不完整的，也几乎是不可想象的。在文、理、医、工诸多学科中，中文学科特色显著，它集中表现了中国本土语言文化、文学艺术之精神。著名学者饶宗颐先生曾认为，语言、文学是所有学术研究的重要基础，"一切之学必以文学植基，否则难以致弘深而通要眇"。文学当然强调思维的逻辑性，但更强调感受力、想象力、创造力和语言表达能力。有了文学基础，才可能做好其他学问，并达到"致弘深而通要眇"之境界。而中文学科更是中国人治学的基础，它既是中国文化根基的重要组成部分，也是中国文明与世界文明的一个关键交集点。

中文系与中山大学同时诞生，是中山大学历史最悠久的学科之一。近百年中，中文系随中山大学走过艰辛困顿、辗转迁徙之途。始驻广州文明路，不久即迁广州石牌地区；抗日战争中历经三迁，初迁云南澄江，再迁粤北坪石，又迁粤东梅州等地；1952年全国高校院系调整，始定址于珠江之畔的康乐园。古人说："艰难困苦，玉汝于成。"对于中山大学中文系来说，亦是如此。百年来，中文系多番流播迁徙。其间，历经学科的离合、人物的散聚，中文系之发展跌宕起伏、曲折逶迤，终如珠江之水，浩浩荡荡，奔流入海。

康乐园与康乐村相邻。南朝大诗人谢灵运,世称"康乐公",曾流寓广州,并终于此。有人认为,康乐园、康乐村或与谢灵运(康乐)有关。这也许只是一个美丽的传说。不过,康乐园的确洋溢着浓郁的人文气息与诗情画意。但对于人文学科而言,光有诗情是远远不够的,更重要的是必须具有严谨的学术研究精神与深厚的学术积淀。一个好的学科当然应该有优秀的学术传统。那么,中山大学中文系的学术传统是什么?一两句话显然难以概括。若勉强要一言以蔽之,则非中山大学校训莫属。1924年,孙中山先生在国立广东大学成立典礼上亲笔题写"博学、审问、慎思、明辨、笃行"十字校训。该校训至今不但巍然矗立在中山大学校园,而且深深镌刻于中山大学师生的心中。"博学、审问、慎思、明辨、笃行"是孙中山先生对中山大学师生的期许,也是中文系百年来孜孜以求、代代传承的学术传统。

一个传承百年的中文学科,必有其深厚的学术积淀,有学殖深厚、个性突出的著名教授令人仰望,有数不清的名人逸事口耳相传。百年来,中山大学中文学科名师荟萃,他们的优秀品格和学术造诣熏陶了无数学者与学子。先后在此任教的杰出学者,早年有傅斯年、鲁迅、郭沫若、郁达夫、顾颉刚、钟敬文、赵元任、罗常培、黄际遇、俞平伯、陆侃如、冯沅君、王力、岑麒祥等,晚近有容庚、商承祚、詹安泰、方孝岳、董每戡、王季思、冼玉清、黄海章、楼栖、高华年、叶启芳、潘允中、黄家教、卢叔度、邱世友、陈则光、吴宏聪、陆一帆、李新魁等。此外,还有一批仍然健在的著名学者。每当我们提到中山大学中文学科,首先想到的就是这些著名学者的精神风采及其学术成就。他们既给我们带来光荣,也是一座座令人仰止的高山。

学者的精神风采与生命价值,主要是通过其著述来体现的。正如司马迁在《史记·孔子世家》中谈到孔子时所说的:"余读孔氏书,想见其为人。"真正的学者都有名山事业的追求。曹丕《典论·论文》说:"盖文章,经国之大业,不朽之盛事。年寿有时而尽,荣乐止乎其身,二者必至之常期,未若文章之无穷。是以古之作者,寄身于翰墨,见意于篇籍,不假良史之辞,不托飞驰之势,而声名自传于后。"真正的学者所追求的是不朽之事业,而非一时之功名利禄。一个优秀学者的学术生命远远超越其自然生命,而一个优秀学科学术传统的积聚传承更具有"声名自传于后"的强大生命力。

为了传承和弘扬本学科的优秀学术传统，从 2017 年开始，中文系便组织编纂中山大学"中国语言文学文库"。本文库共分三个系列，即"中国语言文学文库·典藏文库""中国语言文学文库·学人文库"和"中国语言文学文库·荣休文库"。其中，"典藏文库"主要重版或者重新选编整理出版有较高学术水平并已产生较大影响的著作，"学人文库"主要出版有较高学术水平的原创性著作，"荣休文库"则出版近年退休教师的自选集。在这三个系列中，"学人文库""荣休文库"的撰述，均遵现行的学术规范与出版规范；而"典藏文库"以尊重历史和作者为原则，对已故作者的著作，除了改正错误之外，尽量保持原貌。

　　一年四季满目苍翠的康乐园，芳草迷离，群木竞秀。其中，尤以百年樟树最为引人注目。放眼望去，巨大树干褐黑纵裂，长满绿茸茸的附生植物。树冠蔽日，浓荫满地。冬去春来，墨绿色的叶子飘落了，又代之以郁葱青翠的新叶。铁黑树干衬托着嫩绿枝叶，古老沧桑与蓬勃生机兼容一体。在我们的心目中，这似乎也是中山大学这所百年老校和中文这个百年学科的象征。

　　我们希望以这套文库致敬前辈。

　　我们希望以这套文库激励当下。

　　我们希望以这套文库寄望未来。

2018 年 10 月 18 日

吴承学：中山大学中文系学术委员会主任、教授
彭玉平：中山大学中文系主任、教授

目　　录

第1章　绪　论 ·· 1
　1.1　多模态的多维度定义 ··· 1
　　1.1.1　感觉通道观 ··· 1
　　1.1.2　信息呈现观 ··· 1
　　1.1.3　意义构建观 ··· 2
　　1.1.4　本研究中多模态的定义 ··· 3
　1.2　研究问题及框架 ·· 3
第2章　多模态学习的认知基础（一） ·································· 5
　2.1　双重编码理论 ··· 5
　　2.1.1　主要观点和理论模型 ·· 5
　　2.1.2　模型解读 ·· 6
　2.2　工作记忆模型 ··· 9
　　2.2.1　三成分模型 ··· 9
　　2.2.2　四成分模型 ··· 11
　2.3　认知负荷理论 ·· 12
　　2.3.1　内部认知负荷 ·· 13
　　2.3.2　外部认知负荷 ·· 14
　　2.3.3　关联认知负荷 ·· 15
　2.4　多媒体学习认知理论 ··· 17
　　2.4.1　主要理论观点 ·· 17
　　2.4.2　多媒体材料的认知加工过程 ··································· 18
　2.5　对多模态二语教学的启示 ··· 20
　　2.5.1　应充分利用语词和图片两种不同符号系统进行输入 ······ 20
　　2.5.2　应恰当运用视觉和听觉通道进行输入 ······················· 21
　　2.5.3　应避免产生不必要的外部认知负荷 ·························· 23
第3章　多模态学习的认知基础（二） ································ 25
　3.1　多模态记忆理论 ··· 25

3.1.1 理论背景：动作操作对学习的影响 ………………… 25
3.1.2 理论模型 ……………………………………………… 26
3.2 具身认知理论 ……………………………………………… 29
3.2.1 具身认知理论的基本主张 …………………………… 29
3.2.2 语言理解过程的具身性 ……………………………… 31
3.3 对多模态二语教学的启示 ………………………………… 38
3.3.1 应重视动作、手势在二语学习中的作用 …………… 38
3.3.2 应注重语言体验与学习环境的互动 ………………… 41

第4章 图文多模态释义对汉语二语词汇学习的影响 ………… 44
4.1 引言 ………………………………………………………… 44
4.2 研究方法 …………………………………………………… 47
4.2.1 被试 …………………………………………………… 47
4.2.2 实验材料 ……………………………………………… 47
4.2.3 测量工具和评分标准 ………………………………… 48
4.2.4 实验程序 ……………………………………………… 48
4.3 实验一结果 ………………………………………………… 50
4.3.1 初级水平被试词汇理解成绩 ………………………… 50
4.3.2 初级水平被试词汇产出成绩 ………………………… 51
4.4 实验二结果 ………………………………………………… 52
4.4.1 中级水平被试词汇理解成绩 ………………………… 52
4.4.2 中级水平被试词汇产出成绩 ………………………… 53
4.5 问卷调查结果 ……………………………………………… 54
4.6 分析与讨论 ………………………………………………… 56
4.6.1 图文多模态在二语词汇学习中的优势 ……………… 56
4.6.2 词语属性和语言水平对图文多模态促学作用的影响 … 58
4.7 本章小结 …………………………………………………… 60

第5章 不同的图片呈现方式对汉语二语词汇学习的影响 …… 61
5.1 引言 ………………………………………………………… 61
5.2 研究方法 …………………………………………………… 63
5.2.1 研究问题 ……………………………………………… 63
5.2.2 研究设计 ……………………………………………… 63
5.2.3 被试 …………………………………………………… 63

  5.2.4　实验材料 …………………………………………………… 63
  5.2.5　实验程序 …………………………………………………… 64
 5.3　实验结果 …………………………………………………………… 67
  5.3.1　词汇自由回忆 ……………………………………………… 67
  5.3.2　词汇判断任务 ……………………………………………… 68
  5.3.3　语义启动任务 ……………………………………………… 70
 5.4　分析与讨论 ………………………………………………………… 71
  5.4.1　显性编码和快速映射对二语词汇陈述性记忆的影响 …… 72
  5.4.2　显性编码和快速映射对词汇语义整合的影响 …………… 73
  5.4.3　快速映射与显性编码结合对词汇学习的促进作用 ……… 74
 5.5　本章小结 …………………………………………………………… 75

第6章　视觉单模态和视听多模态输入对汉语二语句法学习的影响　77
 6.1　引言 ………………………………………………………………… 77
 6.2　研究方法 …………………………………………………………… 78
  6.2.1　被试 ………………………………………………………… 78
  6.2.2　实验材料 …………………………………………………… 78
  6.2.3　测量工具和评分标准 ……………………………………… 79
  6.2.4　实验程序 …………………………………………………… 80
 6.3　实验结果 …………………………………………………………… 80
 6.4　分析与讨论 ………………………………………………………… 81
 6.5　本章小结 …………………………………………………………… 84

第7章　视听、视听说多模态对汉语二语文本理解及词汇句法学习的影响　85
 7.1　引言 ………………………………………………………………… 85
 7.2　研究方法 …………………………………………………………… 87
  7.2.1　被试 ………………………………………………………… 87
  7.2.2　实验材料 …………………………………………………… 87
  7.2.3　测量工具和评分标准 ……………………………………… 88
  7.2.4　实验程序 …………………………………………………… 90
 7.3　实验结果 …………………………………………………………… 91
  7.3.1　文本理解成绩 ……………………………………………… 91
  7.3.2　伴随性词汇学习成绩 ……………………………………… 92

  7.3.3 句法结构学习成绩 …………………………………… 94
 7.4 分析与讨论 ……………………………………………………… 95
  7.4.1 不同模态任务对二语文本理解的影响 ………………… 95
  7.4.2 不同模态任务对词汇与句法结构学习的影响 ………… 97
  7.4.3 输出模态转换对二语学习的影响 ……………………… 99
 7.5 本章小结 ………………………………………………………… 100

第8章 视觉单模态与视写多模态对汉语二语量词学习的影响 ……… 102
 8.1 引言 ……………………………………………………………… 102
 8.2 研究设计 ………………………………………………………… 105
  8.2.1 研究问题 ………………………………………………… 105
  8.2.2 被试 ……………………………………………………… 105
  8.2.3 实验材料 ………………………………………………… 105
  8.2.4 实验任务及程序 ………………………………………… 106
 8.3 实验结果 ………………………………………………………… 106
 8.4 分析与讨论 ……………………………………………………… 109
 8.5 本章小结 ………………………………………………………… 112

第9章 视写与视说多模态任务对汉语二语量词学习的影响 ………… 114
 9.1 引言 ……………………………………………………………… 114
 9.2 研究方法 ………………………………………………………… 115
  9.2.1 研究问题 ………………………………………………… 115
  9.2.2 被试 ……………………………………………………… 115
  9.2.3 实验材料与测试工具 …………………………………… 115
  9.2.4 实验程序 ………………………………………………… 116
 9.3 实验结果 ………………………………………………………… 117
 9.4 分析与讨论 ……………………………………………………… 118
  9.4.1 视写、视说多模态转换任务促进量词习得的机制 …… 118
  9.4.2 视写、视说多模态转换任务学习效果差异 …………… 120
 9.5 本章小结 ………………………………………………………… 121

第10章 听觉单模态与听说多模态对汉语二语听力理解的影响 ……… 123
 10.1 引言 …………………………………………………………… 123
 10.2 研究设计 ……………………………………………………… 124
  10.2.1 研究问题 ……………………………………………… 124

10.2.2	被试	124
10.2.3	实验材料	124
10.2.4	实验程序	125
10.2.5	评分标准及过程	125

10.3 实验结果 …… 126
    10.3.1 输入频率对听力理解成绩的影响 …… 126
    10.3.2 输入输出多模态任务对听力理解成绩的影响 …… 128

10.4 分析与讨论 …… 129
    10.4.1 听觉模态的输入频率效应 …… 129
    10.4.2 听说多模态任务对听力理解的作用 …… 130
    10.4.3 对听力教学的启示 …… 130

10.5 本章小结 …… 131

第11章　手势对汉语二语者普通话声调感知与产出的影响 …… 132

11.1 引言 …… 132

11.2 实验一 …… 134
    11.2.1 研究问题 …… 134
    11.2.2 研究设计 …… 134
    11.2.3 实验结果 …… 137

11.3 实验二 …… 138
    11.3.1 研究问题 …… 138
    11.3.2 研究设计 …… 138
    11.3.3 实验结果 …… 138

11.4 分析与讨论 …… 140

11.5 本章小结 …… 142

第12章　手势与图片对汉语二语词汇学习的影响 …… 143

12.1 引言 …… 143

12.2 相关研究回顾 …… 145
    12.2.1 图片在二语词汇学习中的作用 …… 145
    12.2.2 手势在二语词汇学习中的作用 …… 146
    12.2.3 图片和手势在二语词汇学习中的作用比较 …… 147

12.3 研究方法 …… 148
    12.3.1 研究问题及假设 …… 148

12.3.2 研究设计 …… 149
12.3.3 被试 …… 149
12.3.4 实验材料 …… 149
12.3.5 测试工具 …… 151
12.3.6 实验程序 …… 151
12.4 实验结果 …… 153
12.4.1 测试总成绩 …… 153
12.4.2 音形联结测试成绩 …… 154
12.4.3 音义联结测试成绩 …… 155
12.4.4 形义联结测试成绩 …… 156
12.4.5 小结 …… 157
12.5 分析与讨论 …… 158
12.5.1 图片和手势在汉语二语性质形容词学习中的有效性 …… 158
12.5.2 三种学习方式对词汇知识不同方面的影响 …… 159
12.6 本章小结 …… 161

第13章 结语 …… 163
13.1 主要结论 …… 163
13.2 教学启示 …… 164

参考文献 …… 168
附录1 …… 185
附录2 …… 187
附录3 …… 189
附录4 …… 190
附录5 …… 191
附录6 …… 194
附录7 …… 195
后　记 …… 197

第1章 绪 论

1.1 多模态的多维度定义

近年来,随着多模态(multimodality)研究的兴起,越来越多的语言教学研究者关注多模态在语言教学中的作用。何谓多模态?多模态这一术语在不同学科中有不同的定义。本研究所讨论的是语言教学中的多模态,它大致可以从三个不同的角度进行定义。

1.1.1 感觉通道观

从感觉通道的角度看,人类通过不同的感官(如视觉、听觉等)与外部环境(人、机器、物件、动物等)进行互动,这些不同的互动方式被称为模态(顾曰国,2007)。人类最常用的与外部环境进行信息交换和互动的感觉通道有五种,即视觉(visual)、听觉(auditive)、触觉(tactile)、嗅觉(olfactory)和味觉(gustatory)。使用单一感觉通道/感官与外界进行交际互动,称为单模态;使用两种感觉通道/感官的,称为双模态;使用三种或三种以上的,则是多模态。除了通过以上五种感觉通道接收外部信息外,动觉(kinesthesis)也是人们与外部环境进行互动的重要方式。例如,人们常通过手势、动作、表情等各种动觉方式表达和传递信息。因此,广义的模态是指运用不同的感觉通道与外部环境进行互动的方式。只要是通过两种或两种以上感觉通道与外部环境进行互动的,都可以称为多模态。

1.1.2 信息呈现观

从信息材料呈现的角度看,当信息材料用两种或两种以上的形式进行呈现就可以称为多模态(Mayer,2001)。因此,学习材料通过文字(视觉)和语音(听觉)形式进行呈现是多模态,通过文字、图片、图表等多种视觉形式呈现也可以称为多模态。与从感觉通道角度界定的多模态概念有所不同，从信息材料呈现的角度看，即使通过同一感觉通道获得的信息也可能构成多模态。例如，文字、图片都是利用视觉通道获得的信息，但二者的呈现形式并不相同，且大脑对其进行加工处理的方式也不相同（Paivio，1986、2007；Clark & Paivio，1991；Sadoski & Paivio，2013）。因此，信息呈现观认为，文字、图片虽同属视觉通道信息，但仍应视为多模态信息。

1.1.3 意义构建观

从符号对语篇意义构建的角度看，多模态是指在交流活动中不同符号方式（semiotic mode）的混合体。同时，多模态也可以表示不同的符号资源（semiotic resource）被调动起来，在一个特定的组合中共同构建意义的各种方式（Baldry & Thibault，2006；荣盈盈 等，2012）。朱永生（2007）认为判断多模态有两个标准：第一条标准是看话语中涉及的模态种类有多少。如收听新闻广播仅涉及听觉，看小说仅涉及视觉，都属于单模态；使用可视电话交际时，既需要用耳朵听对方的讲话内容，又需要用眼睛看对方的表情和手势变化，则是多模态。第二条标准是看话语中涉及的符号系统有多少。有的话语虽然只涉及一种模态，但包含两个或两个以上的符号系统，也可以看作多模态。如纸质读物虽然只涉及视觉模态，但可能既有文字又有图片；广播节目虽然只涉及听觉模态，但既有语言文字内容又有背景音乐/声效……这些综合利用了两个或两个以上符号系统来构建意义的情况都可以视为多模态。简言之，除了使用语言符号外，还使用了其他非语言符号元素（如图像、标志、声音、手势、姿态等）来共同构建语篇意义的，可以称为多模态（Kress & van Leeuwen，1996、2006；朱永生，2007）。

以上三种角度所定义的多模态侧重点不同。感觉通道观强调多模态需要使用两种或两种以上的感觉运动系统；信息呈现观强调信息材料需要用不同的表征方式呈现，通过同一感觉通道/感官输入的信息只要具有不同的呈现方式（如同属视觉通道的文字、图片、表格等），也可以构成多模态；意义构建观同样认为统一感觉通道/感官输入的信息可属于不同模态，但更侧重强调非语言符号元素在意义构建中的重要性，认为意义的表达是由多种符号方式共同实现的，各种符号在意义构建过程中各自发挥作用但又相互联系、相互补充，孤立的语言符号系统并不能解释话语的全部意义。

1.1.4 本研究中多模态的定义

以上关于多模态的三种观点虽强调的重点各异，但对于二语教学中的多模态概念界定均有启示。首先，二语学习的过程是学习者对其所学目标语各种语言构式意义的构建过程，这一构建过程不仅依赖语言符号，也离不开非语言符号元素的辅助。换言之，仅用元语言来解释、理解语言可能是不充分的，只有通过各种非语言情境（如声音、图像、动作等）的辅助才能帮助学习者构建目标语语言形式的完整意义。其次，语言意义的构建离不开与外部的互动，互动需依赖各类感觉接收器（如眼睛、耳朵等），而且不同感觉接收器所接收的信息在大脑中可能以不同的方式进行加工，因此，通过不同感觉通道进行语言学习有助于不同信息的整合，促进和强化语言学习的效果。最后，语言学习本身涉及听说读写等多项技能，故只有通过各种感官刺激的训练，才能够使各项技能协调发展。

基于以上认识，本研究将二语教学中的多模态定义为：综合使用不同感觉通道（如视觉、听觉、动觉等）或不同符号形式（如书面、口头言语、声音、图片、图像、动作等）与目的语进行互动的形式。相应的，多模态二语学习（multimodal second language learning）则是指综合使用不同感觉通道或不同符号形式学习目的语的过程。

1.2 研究问题及框架

本研究旨在探讨各种多模态教学方式对汉语作为第二语言学习的影响，并揭示其背后的认知机制。具体来说，我们希望通过本研究讨论以下问题：

第一，多模态二语学习的认知基础是什么？

第二，不同的语言要素教学中，多模态任务是否都比单模态任务更具促学优势？

第三，在不同类型的多模态教学任务中，哪类多模态任务的促学效果更好？

我们将围绕以上几个问题展开探讨。本研究共有 13 个章节，每个章节的内容概述如下。

第 1 章：在分析目前多模态的各种定义的基础上，界定本研究所采用的多模态定义。

第 2 章：从双重编码理论、工作记忆模型、认知负荷理论等经典的认知心理学理论模型出发，探讨多模态学习的认知基础。

第 3 章：从多模态记忆理论和新兴的具身认知理论视角出发，进一步阐释多模态学习的认知基础。

第 4 章：通过实证研究探讨采用图文多模态释义是否比文字单模态释义更有助于汉语二语词汇（包括具体词和抽象词）的学习。

第 5 章：通过另一项实证研究进一步考察不同的图片释义方式对汉语二语者词汇学习的影响，揭示哪一类的图片释义方式更具促学效应。

第 6 章：探讨采用视听多模态任务是否比视觉单模态任务更有助于汉语二语句法的学习。

第 7 章：对视听、视听说的多模态任务在不同语言要素（如词汇、句法）学习中的作用进行比较，考察对于汉语二语词汇、句法学习，采用不同的多模态任务是否均比采用视觉单模态任务的效果更好。

第 8 章：考察包含输入输出转换的多模态任务在语言要素学习中的作用。我们以典型的视写多模态任务——读后续写为例，考察该任务对汉语二语名量词学习的影响，探讨高效的多模态任务所具备的特征。

第 9 章：在第 8 章基础上，进一步对比两类不同的输入输出转换的多模态任务——读后续写（视写模态）、读后续说（视说模态）对汉语二语者量词学习的影响，以期揭示哪类多模态转换任务具有更高的促学效率。

第 10 章：考察包含输入输出转化的多模态任务在语言技能学习中的作用。具体对比仅包含输入的听觉单模态任务和输入输出结合的听说多模态任务对汉语二语学习者听力理解的影响。

第 11 章：探讨动觉模态信息在汉语二语教学中的运用。具体考察手势如何影响不同母语背景的汉语二语者普通话声调的感知和产出。

第 12 章：探讨动觉模态信息在汉语二语词汇学习中的作用，同时对比文字与手势结合的多模态学习、文字与图片结合的多模态学习方式对二语词汇学习的影响。

第 13 章：对各章的主要发现进行概括总结，在此基础上提出针对汉语二语多模态教学的具体建议。

我们希望，本研究能有助于二语教师和研究者了解多模态二语学习的认知机制，同时也希望本研究能为二语教学的多模态任务配置提供有益参考。

第 2 章 多模态学习的认知基础（一）

多模态学习通过多种不同的感官或呈现方式为学习者提供了丰富的学习环境，但同时也对学习者和教学设计者提出了值得深入思考的问题：如何才能更有效地整合来自不同感官或不同形式的信息以提高学习的效率？为此，我们首先需要了解不同感官和不同形式的信息在人类认知系统中是如何加工的。

自 20 世纪七八十年代以来，认知心理学和教育心理学研究者提出了多个关于信息加工的理论假设，这些理论假设包含对记忆编码、记忆存储和认知操作等一系列过程的描述，为我们了解多模态学习的认知机制奠定了基础。

本章主要介绍 Paivio 等的双重编码理论（dual coding theory）、Baddeley 的工作记忆模型（working memory model）、Sweller 等的认知负荷理论（cognitive load theory，CLT）和 Mayer 的多媒体学习认知理论（multimedia learning theory）。这些理论为采用言语和非言语（如图片、图像等）两种不同符号系统输入的合理性以及视觉和听觉两种不同感官通道输入的有效性提供了必要的理论支撑。

2.1 双重编码理论

2.1.1 主要观点和理论模型

双重编码理论主要由 Paivio 等人（Paivio，1986、2007；Clark & Paivio，1991；Sadoski & Paivio，2013）提出。该理论首先区分了两种不同的心理代码——言语代码（包括各种感觉形式，如视觉、听觉等）和非言语代码，并提出大脑中有两套不同的认知系统分别对以上两种代码进行加工。其中言语代码系统负责对言语代码进行加工；非言语代码系统负责对非言语对象和事件进行加工，主要功能是分析外在场景和生成内部心理图像。两个系统之间既相互独立又密切联系。图2.1是双重编码理论的模型，该模型包括两个内部既相互独立又相互关联的系统以及它们的输入和输出结构。图中同时包含了三个水平的加工，即表征加工（representational processing）、指称加工（referential processing）和联想加工（associative processing）。

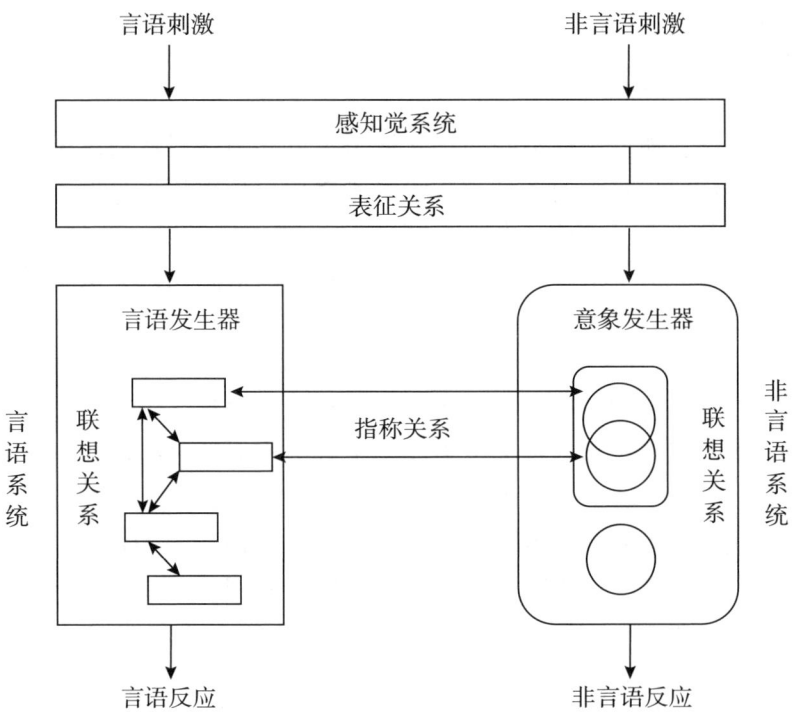

图2.1 双重编码理论模型

2.1.2 模型解读

模型最顶端是我们的感知觉系统从环境中感知到的言语和非言语刺激。感知觉系统和言语发生器（logogens）或心理图像/意象发生器（imagens）（下称意象发生器）之间的连接就是表征层面的加工，或者说是外部刺激对言语发生器或意象发生器的直接激活。这里所说的言语发生器和意象发生器分别是言语系统和非言语系统的基本表征单位。言语发生器也可以叫作言语表征（verbal representations）、言语编码（verbal encoding）、心理语言（mental language）或内在言语（inner speech），意象发生器也可以称为非言语表征（nonverbal representations）、非言语编码（nonverbal encodings）、心理图像（mental images）或意象（imagery）。

以阅读视觉文本为例，阅读时的表征加工就是通过视觉语言符号刺激直接激活的心理表征。一个外部刺激能否被激活可能由外部刺激情况和个体差异等因素决定。刺激情况由刺激的特征和所在语境构成。假设书写的字迹潦草或模糊不清，阅读者则可能无法凭借书写的特征激活相应的言语发生器。语境有时可以增加某些言语发生器被激活的概率。如我们通过上文或许可以补充出下一个即将出现的词语，又如通过语境我们可以辨认出一些书写错误或打印模糊的字词。个体差异则由个体背景经验和固有的个性特征共同决定。以阅读文本为例，个体背景经验主要指个体所拥有的阅读能力，如个体识字量、词汇量的大小。个体识字量、词汇量越大，则能够激活的言语表征也越多。个性特征则主要指个体优先选择的认知风格。假设同是图文信息，有的学习者可能更依赖言语文字加工，有的则更依赖图像信息加工。

模型的中间部分是两个相互独立又密切相连的系统。左边的言语系统是由各个言语发生器相互连接的网络结构。言语发生器之间会产生联想加工，联想的强度在很大程度上取决于言语发生器之间语音和词形的相似性、语义的关联性或共现的概率等。例如，当我们看到"医生"这个词时，不仅激活了"医生"这个言语发生器，还可能会激活"护士、医院、病人、病房、药"等主题相关词的言语发生器；同时也可能激活"一生、一升"等语音相似的言语发生器。此外，"医生"还可能激活"大夫"，因为二者有近义语义关系，而"大夫"可能激活"丈夫、人夫"等形近词。"拨打"与"电话"这两个言语发生器也可能紧密相连，因为二者经常共现。

右边的非言语系统则是由各个意象发生器相互连接的结构，在这个结构里，各意象发生器有重叠或嵌套结构。客观世界中非言语经验就是通过非言语系统的意象发生器的组织得以保持。各意象发生器之间也会产生联想加工。例如，我们想象一个杯子，进而想象这个杯子在餐厅的桌子上；又如想象一双眼睛，这双眼睛长在一张脸上，而这张脸又是身体的一部分，身体又是在某个环境中活动的身体。不同意象也可以是离散的，如从一个场景转换到另一个完全无关的场景。越是熟悉的场景，则越能想象出大量的细节。例如，如果没有亲自去过故宫，则它的意象很可能只停留在从图片上所看到的故宫正面的样子，无法形成其背面、侧面等其他角度和细节的意象。意象经验还可以是动态的顺序场景，如想象一个包饺子的场景。

需要指出的是，无论是言语系统还是非言语系统中的联想加工，都可以在相同模态和不同模态间发生。如在言语系统中，当看到书面书写形式"医生"时，除了激活言语系统中视觉模态的言语发生器（即字形）外，同时也可能激活其听觉模态的言语发生器，即"yi^{55}sheng^{55}"这个读音以及与其相关的其他词语的读音。同样地，非言语系统中的联想也可以发生在不同的模态之间。如看到一个杯子时，可能会联想到杯子放在杯垫上，里面是热气腾腾的咖啡；还可能会联想到勺子搅拌杯子里的咖啡所发出的声音。

还需要注意的一点是，言语发生器或意象发生器内部有大小单元的区别。重复和不变的联结经验会整合成一个更高层级的单元，而经常重复但不固定的经验则只会形成具有不同联结强度的联想加工，但不会整合为更高级的单元。例如，汉语中的"穿小鞋"是重复且不变的序列，故形成了一个更高层级的言语发生器，"穿"和"皮鞋、球鞋"等则只能保留在不同的言语发生器中，形成一种联想关系。意象发生器也同样存在类似的情况。

系统内的互动通过联想产生，称为联想加工；两个系统之间的互动则通过指称连接（referential connections）产生，称为指称加工。指称加工发生在言语发生器和意象发生器之间。如看到一个词时想到这个词的意象，或者看到一个物品或图片时说出该物品或图片的名称（即命名），都属于指称加工。指称关系并非一对一的，而是一对多的，两个方向都是如此。如一个东西可以被叫成不同的名字；一个词语，如"杯子"也可以指称各种样式的杯子。

但是，激活言语发生器不一定意味着同时激活意象发生器。模型中一些没有联结的单元代表的是那些高度抽象的语言单位的言语发生器和那些无法用言语表达的意象。如一些虚词或高度抽象的实词就难以产生意象。阅读时能否产生心理意象与言语单位的具象性有关，具象性强的言语单位比具象性弱（抽象性强）的言语单位更容易唤起心理意象。如cup of coffee要比theory of mind更有可能唤起心理图像。如果给定一些语境或结合个人的经验，这些抽象的语言也可能唤起关联的意象，如theory of mind会唤起弗洛伊德的意象，theory of relativity会唤起爱因斯坦的意象。一些抽象的词语也可能唤起具体的文化象征事物，如religion可能唤起church的意象。然而，理解这些抽象的语言不能过于依赖心理意象。总的来说，阅读时产生不同程度的心理图像是非常普遍的。

最后，模型的下部分中两个系统还与感觉输出系统相连接，感觉输出系统用于产出言语和非言语反应。

以上我们介绍了双重编码理论的基本模型。概括来说，心理表征产生于感知觉经验，并被编码成大小不同的言语和非言语单元。它们被组织在两个独立的编码系统中，具有不同性质的层级特征，能够独立操作、平行操作或相互关联。三个水平的加工用于解释最初的表征激活以及系统之间和系统内部的扩散激活现象：表征水平的加工可以看作外界感知觉信息对言语发生器和意象发生器的直接激活，指称水平的加工则可以看作言语系统和非言语系统信息的扩散激活，联想水平的加工则可以看作两个子系统内部发生器之间的扩散激活。扩散激活路径与个人过去经历和语境等因素有关。频率、最近一次激活的时间、相互竞争的节点强度和数量等都会影响扩散激活的结果。由于在双重编码模型中所有表征都是具有特定模态的，因此扩散激活可能会在不同模态之间发生。

2.2 工作记忆模型

双重编码理论主要讨论言语和非言语信息在人类大脑中的表征形式，工作记忆模型则讨论人类如何对通过不同感觉接收器（眼睛和耳朵）接收的外界信息进行处理。工作记忆（working memory）是指在执行认知任务时对信息进行暂时加工、贮存的容量有限的一个记忆系统（Baddeley，2003）。工作记忆在语言、推理和问题解决等高级认知过程中起着重要作用。

2.2.1 三成分模型

Baddeley 和 Hitch（1974）首先提出了关于工作记忆的三成分模型。这一模型是在短时记忆概念的基础上提出的。此模型认为，工作记忆不是由单一组成部分构成的系统，而是一个由多个部分构成的模型，具体包括一个注意控制系统——中央执行器（central executive），以及两个附属系统——语音回路（phonological loop）和视觉空间模板（visual-spatial sketch-pad）。其结构如图2.2所示。

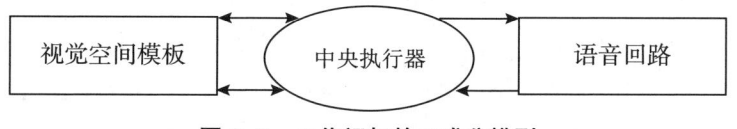

图2.2　工作记忆的三成分模型

语音回路负责言语形式和非言语声音形式的信息编码及暂时储存，包括两个系统：语音存储器（temporary storage system）和发音复述器（articulatory rehearsal system），二者主要与布罗德曼（Brodmann）大脑分区系统中的40区和44区紧密相关。语音存储器主要负责记录和存储声音信息的痕迹，但这些痕迹会在短短几秒钟内衰退。发音复述器的主要功能则是不断复述语音存储中的声音痕迹，并保持听觉短时记忆的不断更新。此外，通过发音复述器还能够将其他形式的信息转换成语音代码，并进入语音存储器，前提是这些形式能够被命名。例如，通过视觉呈现的字母如果知道怎么发音，它就可以被发音复述器解码成语音形式并进入语音存储器。

视觉空间模板主要用来加工和暂存与视觉空间有关的信息，可被进一步分成视觉的、空间的、动觉的三种子成分，各种成分各自拥有其独立的存储、表征、维持机制以及操作程序。它们主要与右半脑（6区、19区、40区和47区）相关联（Baddeley，2000）。视觉空间模板与言语加工也有关系。例如，已有研究发现，患有威廉姆斯综合征（Williams syndrome）的病人在理解加工含有视觉空间信息的句子（如句子中包含below、above、in、shorter等）时存在困难（Baddeley，2003），这是由于这类病人的视觉空间的短时记忆受损（Jarrold，Baddeley & Hewes，1999；Vicari & Carlesimo，2002）。不过，传统观点认为，言语的加工（即使是视觉文字的加工）主要依赖语音回路，视觉空间模板的参与程度并不高。但这主要是根据英语等拼音文字语言加工的研究得出的结论，而对于汉语这类表意文字语言来说，视觉空间模板发挥着什么作用还不明确。由于汉字的视觉空间结构关系远比拉丁字母复杂，我们认为视觉空间模板在汉语阅读加工中所起的作用可能远大于其在拼音文字语言阅读加工中的作用。

中央执行器主要起操纵控制作用，工作记忆中所存储信息的操作都需要中央执行器的参与，但信息的表征和保持则相对独立于中央执行器。不过，一旦涉及信息的整合，则必须有中央执行器的参与。此外，它还负责注意力的控制，保证大脑将注意力集中在相关信息及其加工过程上，而对无关信息进行抑制；负责复杂任务中不同任务的注意力分配及注意力的转换等。中央执行器的功能与大脑额叶具有密切关系。

虽然三成分模型得到了普遍认同，但随着研究的深入，人们发现仍有许多问题不能用其进行解释。例如，语言回路和视觉空间模板这两个子系统与长时记忆是如何联系的？语言回路和视觉空间模板之间的信息又是如何进行整合的？中央执行器如果只有注意控制功能而不具备存储功能，那在信息整合过程中临时整合的信息又存储在哪里？

一些实验证据也表明目前的模型存在不足，Baddeley（2000）对此进行了总结。首先是发音抑制的效应。当呈现（听觉或视觉）一串数字要求学生记住并回忆的同时，让学生不间断地发一个无关的词语，比如 the，根据假设，这时学生回忆数字的成绩会显著下降，因为无关的发音任务会阻断语音回路中的发音复述器工作从而影响记忆；实验结果却发现，虽然无关的发音任务确实显著影响了回忆成绩，但被试并非一点都回忆不出来，这说明可能还有其他的方式或途径来暂时存储语音信息。此外，一些语音短时记忆明显受损的病人虽然语音回忆宽度下降到只能回忆出 1 个数字，但当数字用视觉呈现时，其回忆宽度仍可以达到 4 个数字。那么，这些病人在短时记忆中是如何存储这些数字信息的？一种解释是这些数字存储在视觉空间模板中。但有证据显示视觉空间模板一般用于存储复杂样式的视觉信息，并不适用于这种线性的数字回忆。另外，如果这些数字存储在视觉空间模板中，那么可以预期在语音回路受到抑制时，视觉相似性会严重影响回忆加工的效率。Logie 等（2000）的研究确实发现了视觉相似性的干扰性，但效应并不大。这说明可能两个子系统都参与了加工，并且以某种方式进行了整合。原来的三成分模型缺少这样的整合机制，因为在三成分模型中，中央执行器缺乏存储功能。因此，需要有某种形式的保存备份，它能够把语音的、视觉的甚至其他形式的信息整合成多模态的代码。最近的研究还发现，即使对于长时记忆系统受损的学习者，也能够回忆超过十几个甚至二十几个单位的信息，这大大超过了 Miller（1956）提出的工作记忆的上限（Baddeley & Wilson，2002）。这也需要提出另一个工作记忆的存储机制加以解释。

2.2.2 四成分模型

基于以上背景，Baddeley（2000）对原有工作记忆模型进行了修改，提出了第四个成分——情景缓冲器（episodic buffer）。修正后的工作记忆四成分模型如图 2.3 所示。

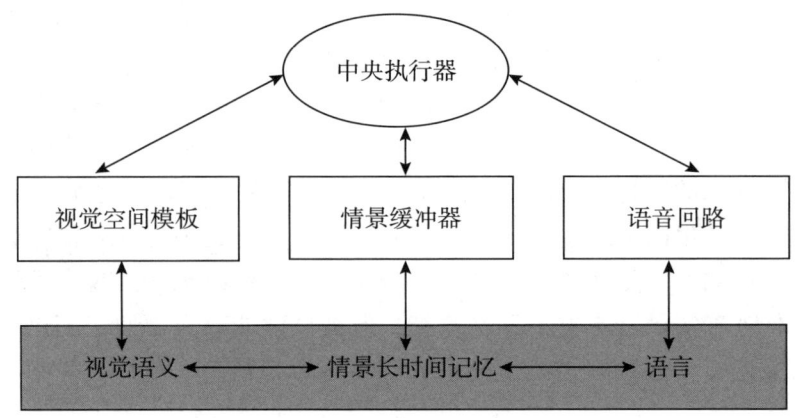

图2.3 工作记忆四成分模型

在这个版本的模型中,阴影部分称作"晶体"认知系统,对应长时记忆,用于保存长时记忆;非阴影部分称作"流体"认知系统,对应工作记忆,主要作用是进行注意的分配和信息临时存储。情境缓冲器是一个能够存储多模态信息代码的成分,它类似临时界面的作用,将长时记忆系统与视觉空间模板和语音回路的信息整合成连贯的复杂结构——场景(scenes)或片段(episodes),但情境缓冲器对信息的整合加工需要依赖注意系统,即中央执行器(Repovš & Baddeley,2006)。

相比于三成分模型,修正后的四成分模型在一定程度上解释了不同类型的信息编码如何进行整合以及短时记忆和长时记忆如何发生交互作用,但仍有一些未能清晰阐明的地方。例如,情景缓冲器具体是通过什么路径对视觉空间模板信息和语音回路信息进行整合的?这种整合是否必须调用长时记忆中的情景记忆?这些问题还有待进一步的探讨。

2.3 认知负荷理论

根据工作记忆模型,每个通道的认知加工容量是有限的。因此,在学习过程中,合理分配认知资源,以避免认知负荷超载是学习和教学设计中需要解决的重要问题。认知负荷是指在执行某一特定认知任务时,工作记忆系统对其进行加工和保持信息过程中所承受的负荷总量。要合理分配认知资源,首先必须弄清楚认知负荷的来源。Sweller和他的同事(Sweller,

1988、1994；Chandler & Sweller, 1991、1992；Bobis, Sweller & Cooper, 1993；Sweller & Chandler, 1994；Sweller, *et al.*, 1998、2019）提出，学习时的认知负荷有内部和外部两个不同的来源。

2.3.1 内部认知负荷

内部认知负荷（intrinsic cognitive load）取决于学习材料本身的难度，具体来说，指任务本身所包含的信息元素（如概念、规则的基本成分）的数量及信息元素之间的交互性给认知加工带来的负荷。一般而言，信息材料的组成成分越多，各成分之间的相互关系越复杂，内部认知负荷越重。例如，当学习者需要背诵的生词表越长时，这个学习任务的内部认知负荷越重。由于背诵生词表时只需要对一个个生词进行背诵，前一个生词有没有记住对后一个生词的背诵并没有什么影响，各生词的背诵之间没有太大的相互关系。因此，从这个角度看，背诵生词表这个任务的内部认知负荷并不是特别高。相较而言，语法学习任务的内在认知负荷往往比背生词表要高，这是由于学习语法时需要考虑各句法成分之间的相对位置与功能。例如，汉语二语学习者在学习典型的"把"字结构"S+把+NP+V+结果补语"时，需要同时对结构中的五个成分进行加工，一旦其中一个成分的位置错误，则会使整个句子不合语法。因此，相比背诵一个包含五个生词的词表而言，学习该语法的内部认知负荷更大。

需要指出的是，即使是相同的学习任务，对不同的学习者而言，其内部认知负荷可能也大不相同。这是由于当学习者能够将任务本身包含的信息元素"打包"成一个整体并形成图式（schema）时，任务的组成元素成分则会相应减少，成分之间的相互关系也会随之变得简单。仍以"S+把+NP+V+结果补语"这一结构为例。对于初级水平的汉语二语者，他们加工这一结构时可能需要同时加工"S、把、NP、V、结果补语"等至少五个语法成分；随着汉语水平的提高，学习者可能会将"把+NP""V+结果补语"捆绑在一起，使整个句子简化为三个元素成分，因而大大降低了其内部认知负荷；随着汉语水平的继续提高，当学习者达到接近母语者水平时，整个结构甚至被压缩成一个完整的构式（成分），产出该结构所产生的内部认知负荷被降到最低。由此可见，内部认知负荷一方面由任务本身的属性所决定，另一方面又会随着学习主体的变化而发生改变。换言之，内在认知负荷的高低并不仅仅由学习材料本身的复杂程度决定，更准确地说，是由相对于学习者经验水平的学习材料的复杂性所决定。

2.3.2 外部认知负荷

外部认知负荷（extraneous cognitive load）是指由于不恰当的教学设计给工作记忆带来的负荷。外部认知负荷主要源于认知任务的设计及其呈现不恰当。这些不恰当的教学设计对实质性的认知没有帮助，即导致工作记忆产生不必要的认知操作，增加了额外的认知负荷。因此，外部认知负荷也称为无效负荷（唐剑岚、周莹，2008）。

Sweller 和他的同事（Chandler & Sweller, 1991、1992; Bobis, Sweller & Cooper, 1993; Sweller, 1988、1994; Sweller & Chandler, 1994）通过一系列研究说明了多种不恰当的教学设计会给学习者带来外部认知负荷，如注意分离效应（split-attention effect）、冗余效应（redundancy effect）就是两种典型的因教学设计不当而引起外部认知负荷增加的现象。

注意分离效应是指要理解的至关重要的多种信息以分离的形式呈现时，学习者需要花费更多的认知资源对分离的信息进行整合，从而增加了外部认知负荷。例如，当教师希望通过插图辅助学习者理解文本内容时，如果把插图和文本中所对应的内容放在两个不同的页面分开呈现，学习者要想将插图内容和文本内容整合起来，则必须克服物理空间的分隔，注意力需要在插图和文本之间来回转换。换言之，呈现位置的分离，导致学习者需要额外花费一定的认知资源来完成信息的整合，这种不合理的呈现方式便带来了外在认知负荷。相反，如果将插图配置在对应文本内容的旁边，学习者则较容易将插图内容和文本内容进行整合，因此节省了认知资源，学习效果也更好（Chandler & Sweller, 1991; Sweller & Chandler, 1994）。Ginns（2006）的一项包含 2375 名新手学习者、50 项研究的元分析发现，无论效应类型（空间或时间）、呈现类型（静态或动态）、研究领域还是教育水平如何，注意分离效应都是坚实且稳健的。Schroeder 和 Cenkci（2018）的另一项专注于多媒体学习中的空间注意分离效应的元分析结果同样支持上述观点。

冗余效应是指因给学习者提供了过多的信息来源，其中一些不必要信息的呈现造成额外认知负荷的增加，从而影响学习效果的现象。由于学习者的认知资源是有限的，因此，如果单一的信息呈现即可传达完整且明确的意义，则无须提供不同的呈现方式进行指称，否则便会增加外在负荷。

例如，当我们可以用简单的符号和公式说清楚一个语法结构时，则没有必要再用一些文字和术语来对结构进行陈述。如给出"Num+M+N"即可清楚展示汉语数量名短语的结构（前提是学习者已经了解这些字母符号的含义），则没有必要再用一段文字进行重复描述。又如在讲解某些具体名词，如"骨骼、指南针"等时，只要展示其对应的图片即可，没有必要将词语在词典上的定义呈现出来，因为图片形式的表征足以让学习者明白生词的意思，此时文字的定义是冗余信息，反而会增加学习者的认知负荷。

由于工作记忆总容量是有限的，当内部认知负荷较高时，设法避免、降低外部认知负荷显得尤为重要；当内部认知负荷不高时，一定的外部认知负荷可能并不会对学习效果造成显著的影响。这也是二语初级学习阶段更需要教师重视教学任务设计的原因。初级阶段的二语学习者语言水平较低，对他们来说语言学习任务的内部认知负荷较高，不合理的教学设计会使外部认知负荷显著提高，进而超出认知负荷的总量，导致学习效果不佳；相反，当学习者语言水平较高时，学习任务的内部认知负荷降低，教学设计对学习效果的影响可能相对较小。此外，对于内部语义结构复杂，涉及句法、语义甚至语用等多个界面的语言项目（如"把"字句、"被"字句等），则更加需要注意设计合理的教学方法，以降低外部认知负荷，进而减轻学习者的整体加工负担。总的来说，通过合理的教学设计降低外部认知负荷对于提高学习者的学习效率有着重要作用。

2.3.3 关联认知负荷

早期的认知负荷理论只区分了内部和外部两种认知负荷，后期发展出第三种认知负荷——关联认知负荷（germane cognitive load）。密切关联认知负荷也称为有效认知负荷，是指在完成与图式构建和图式自动化密切相关的活动过程中所产生的认知负荷。它同样来源于教学设计者（Sweller, Merrienboer & Paas, 1998; Paas, Renkl & Sweller, 2003）。当认知任务的内部或外部认知负荷较低，学习者的大脑中还留有没有被使用的认知容量时，教师就可以设计一些活动来促进图式的构建和自动化。这种认知负荷的投入对于完成任务来说可能不是必需的，但它却有助于学习者构建解决问题的图式以及图式的自动化，因此是一种有益的认知负荷。

图式的构建和自动化之所以重要，是由于这二者可以从根本上提高认知加工效率。由于人类大脑的工作记忆容量非常有限，如果工作记忆在对信息进行加工时能以由多个信息元素编码而成的组块或单元（即图式）为单位进行处理，则能够减轻工作记忆的负荷。图式的构建本身需要经历学习的过程，人们通过学习构建起各类知识的图式并存储在长时记忆系统中。当工作记忆对新信息进行加工时，认知系统则会从长时记忆中搜索和提取与之相关的图式，如果图式被反复应用则会形成自动化。自动化的图式能够更快捷、更容易地被工作记忆提取，因此进一步降低了工作记忆的负荷，使其有更多富余的认知资源用于加工其他信息。可见，促进图式的构建和自动化对于提高学习效率有重要意义。

增加关联认知负荷有助于促进图式的构建和自动化。例如，在学习某个语法结构时，教师经常会首先给学习者一些例句，让学习者从例句中体会句子的构式特点，然后再完成相关的语法练习。但有时学习者可能并不会认真地学习例句，而是在做语法练习时遇到困难后再去参考例句。可见，在这种情况下，例句并没有被学习者深度加工进而帮助他们形成结构图式。此时，教师可以通过一些教学设计，如让学习者画出例句中的目标结构迫使其对例句进行认真加工，这将提升学习者的关联认知负荷，进而帮助学习者更好地形成图式，提升学习效果。又如，汉字的认读和书写是汉语二语学习者的难点，尤其对于非汉字文化圈的初级水平欧美学习者而言，汉字就像一幅幅复杂的线条画。虽然有的学习者能够根据例字模仿出汉字的样子，但却不知道笔画的书写规则，更没有形成部件意识。此时教师可以要求学习者对笔画、部件进行描红练习，这些任务虽然增加了关联认知负荷，但却能够让学习者逐步建立起笔画意识、部件意识，使其在大脑中形成图式并逐渐自动化，最终降低汉字认读和书写的难度。总之，在总认知容量充足，即内部认知负荷与外部认知负荷总和不超过总认知容量的情况下，应通过良好的教学设计适度增加学生的关联认知负荷，使之在图式构建和自动化中投入更多的努力，从而提升其学习质量。

上述三种认知负荷共同构成一个学习任务的认知负荷总量。由于对于特定的学习主体和特定的学习任务，其内部认知负荷一般是固定的，除非通过分解任务、改变教学目标或事先通过其他活动构建一些图式或使图式自动化，否则不易降低。因此，学者们普遍认为，如要借助认知负荷调控来提高学习效率，就必须将重点放在降低外部认知负荷和增加关联认知负荷上（Sweller, Merrienboer & Paas, 1998; Paas, Renkl & Sweller, 2003）。如果学习材料或任务本身的内部负荷较高，则应该重点考虑如何降低外部认知负荷；如果学习材料或任务的内部负荷较低，且教学设计也没有带来过多的外部认知负荷时，则应考虑如何增加关联认知负荷以促进图式的构建和自动化。总之，高效教学设计的基本原则就是降低外部负荷、内在负荷（如果可能）及增加关联负荷，并确保三者之和不超过工作记忆的总负荷。

2.4 多媒体学习认知理论

2.4.1 主要理论观点

Mayer（2001）所定义的多媒体（multimedia）主要指用语词（word）（包括视觉文字或听觉话语）与画面（pictures）（包括静态或动态图像）来共同呈现学习材料，是多模态学习中最常用的材料呈现方式。他在整合前人关于信息加工与记忆理论的基础上提出了多媒体学习认知理论。该理论认为，使用语词和画面相结合的多媒体学习比单一采用语词或画面的单媒体学习更有效，按照人的心理认知加工方式设计的多媒体信息比没有按照人的心理认知加工方式设计的多媒体信息更可能产生有意义的学习。

这一理论基于三个重要的假设：①人类信息加工系统包括视觉/图像加工和听觉/言语加工双通道，通过语词和画面呈现材料能够更加充分地利用人类加工信息的认知资源；②每个通道的加工能力都是有限的，多媒体学习材料的呈现设计需要遵循一些规则，避免通道负荷过载；③有效的学习是一个主动的意义构建过程，好的多媒体学习设计要能够启动和促进适当的认知加工过程。

从以上假设可以看出，该理论构建吸收了前面各种理论假设的合理部分并进行了整合。如第一点将人类信息加工系统分为视觉/图像加工和听觉/言语加工双通道显然受到了 Paivio 关于区分言语信息和非言语信息系统的观点以及 Baddeley 关于工作记忆双通道理论的影响。第二点关于通道加工容量有限的观点则主要借鉴了 Baddeley 提出的中央执行器处理工作记忆容量有限的看法，同时还吸收了 Sweller 等人的认知负荷理论中的合理之处，将多媒体设计的目标设定为使外部负荷最小化。不过，从上面的论述也可以看出，多媒体学习认知理论主要借鉴的是双通道理论、工作记忆理论和认知负荷理论的早期观点，随着这些理论自身的发展，其各自的观点也产生了一些变化并有所扩展，因此，与多媒体学习认知理论中所表述的观点有所差异。例如,Sweller 等人后来增加了关联认知负荷,而多媒体学习认知理论没有将此纳入进来;又如 Paivio(2007)、Sadoski 和 Paivio(2013)的双通道理论中言语通道和非言语通道各自都包含了各种多模态信息,多媒体学习认知理论则仅限于视觉和听觉两种模态信息。

多媒体学习认知理论中尤其值得重视的是第三个理论前提,即将学习看作主动加工的过程。这一观点摒弃了传统认为人是被动的信息接收者的看法,认为知识是由学习者自己构建起来的,而非只是简单的信息传递过程,人们会通过主动的认知加工从呈现的信息中建立起连贯一致的心理表征。多媒体呈现的目的就是要更好地引导学习者加工材料信息,使知识的构建更高效。

2.4.2 多媒体材料的认知加工过程

为了进一步阐明在多媒体学习中学习者是如何主动进行知识构建的,Mayer(2001)将多媒体材料的主动认知加工过程分为五个部分:①选择注意相关的语词在言语工作记忆中加工;②选择注意相关的图像在视觉工作记忆中加工;③将被选择注意的语词组织到一个言语心理模型中;④将被选择注意的图像组织到一个视觉心理模型中;⑤将言语和视觉表征模型与长时记忆中调取的先验知识进行整合。Mayer(2001)通过图 2.4 概括了多媒体学习认知加工的过程。

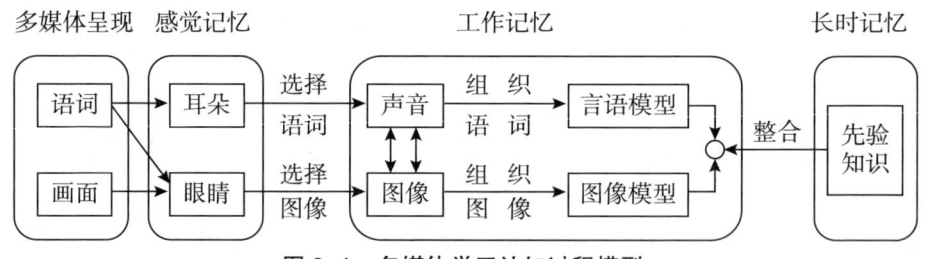

图 2.4　多媒体学习认知过程模型

如图 2.4 所示,模型上部展示的是听觉/言语通道的加工过程,模型下部展示的是视觉/图像通道的加工过程。以听觉模态输入的言语信息,首先以声音的形式进入听觉感受器——耳朵;接着部分语词的语音信息会被选择并进入工作记忆系统中的语音回路(声音);这些语音信息会被按照言语规则组织构建出言语模型;最后,学习者可以将另一个通道构建的图像模型与言语模型相互连接,并且可能调用存储在长时记忆中的先验知识,完成最后的信息整合加工。以视觉模态输入的言语信息，首先会以书面视觉形式进入视觉感受器——眼睛；然后，部分视觉文字信息会被选择注意并进入工作记忆中，根据工作记忆模型，工作记忆中的发音复述器会将视觉文字信息转换为语音信息，一旦语音信息被表征，它们就像上述的从听觉通道进入的言语信息一样被继续加工。类似的，图像信息首先进入眼睛这一视觉感受器；然后，图片中的部分信息会被选择并进入工作记忆的视觉空间模板（图像）；接下来，各部分的图片信息会在工作记忆中进行组织构建，形成图像模型；最后与言语模型、先验知识进行整合。

例如，图 2.5 中包含了文字和图片信息。当呈现这个画面时，由于文字和图片在物理空间上紧密靠近，因此学习者会同时注意到上方的文字和图片信息，这些信息中的一些片段会被认知系统选择并进入工作记忆系统中。接着，被选择的文字信息和图片信息将分别在工作记忆系统中进行组织。如对于文字信息，学习者即使不认识目标词"训斥"，但仍可能在不同词语之间建立语义逻辑关系，如"妈妈"是施事，"女儿"是受事，"妈妈"正在对"女儿"进行某项动作；对于图片信息，学习者也会通过画面中描绘的人物特征及表情建立起"一个女人正在教训小孩子"的语义表征。最后，学习者进一步对文字和图片信息进行整合，将"妈妈""女儿"分别与图片左右两边的人物相对应，并通过图片中人物表情和动作推断"训斥"一词的意思，从而在文字和图片之间建立起其内在的对应关系。在整合的过程中，学习者存储在长时记忆中的相关母语和二语知识会被激活并加入整合过程，如"训斥"对应的母语词，以及学过的汉语词"批评、教训"等将被激活，并用以推断"训斥"的含义。

妈妈正在训斥女儿。

图 2.5　文字和图片信息整合示例

2.5 对多模态二语教学的启示

2.5.1 应充分利用语词和图片两种不同符号系统进行输入

根据双重编码理论和多媒体学习认知理论，人们大脑中有两套独立的编码系统，一套用于加工言语材料信息，另一套用于加工诸如图片、画面等非言语材料信息，二者既相互独立又紧密联系。当信息同时以言语和图片两种不同形式呈现时，学习者能够在心理上整合两种不同的符号表征，从而促进理解。特别是在二语学习中，言语材料本身就是学习的对象，对学习者而言具有较大的难度，因此，通过图片等非言语符号的辅助能够使学习者更直观、更容易获得言语材料的语义信息。

一些实证研究从各个不同角度证实采用语词（主要是视觉文字）和图片两种不同模态符号呈现对二语词汇学习的影响。例如，Kost 等（1999）对比了只提供英文母语翻译、只提供图片以及同时提供英文母语翻译和图片三种学习方式对德语二语词汇学习的影响，结果发现，同时提供英文母语翻译和图片组的被试在即时词汇再认测试中的成绩显著高于其他两个组。武卫、许洪（2009）考察了图片在汉语母语者英语二语伴随性词汇学习过程中的作用，结果同样证实，文字和图片组合注释的学习方式优于只有文字注释的学习方式。此外，Yeh 和 Wang（2003）进一步考察了不同二语者学习风格是否会对文字+图片多模态释义模式的效果产生影响，结果发现，无论是倾向于采用听觉通道、视觉文字通道、视觉图片通道学习还是混合通道学习的二语者，均在文字+图片条件下获得最好的词汇学习效果。

Shen（2010）考察了图片对汉语二语学习者词汇学习的作用。她将被试分为两个组，给实验组被试呈现词语的意义、用法和图片，给控制组被试则仅呈现词语的意义和用法。结果表明，对于具体词语，实验组和控制组被试的记忆成绩没有差异；对于抽象词语，实验组被试的记忆成绩则显著好于控制组。

Mayer 等（2015）从大脑神经基础的层面证明了图片和词语在大脑中的加工和存储调用了不同的脑区。因此，当同时给被试提供图片和文字注释时，词语的语义概念可能在更广阔的神经网络中得到表征和保持。

此外，有的研究者还比较了提供静态图片和动态视频辅助词汇学习的效果。如 Al-Seghayer（2001）、Chun 和 Plass（1996）发现相比于单纯文字释义，提供静态图片或动态视频有助于二语学习者习得词汇。Al-Seghayer（2001）的研究发现，文字+视频条件下的词汇学习成绩好于文字+图片，这是由于视频能激活的感知觉表征比图片更丰富。不过，Chun 和 Plass（1996）的研究结果却得到了相反的结论，即文字+图片的效果更好。他们认为，这可能是由于静态图片条件下，学习者可以在无时间压力的情况下观看足够长的时间，更容易形成稳定的心理图像；相反，视频的图像信息是动态的，且实验中的视频时间较短，因此反而不利于学习者建立起心理图像。不过，由于以上两个实验条件（如被试母语背景、视频和图片的物理参数设置）和词汇测量方法均有所差异，究竟是静态图片还是动态视频辅助更有助于二语词汇学习还有待进一步的深入探究。

2.5.2 应恰当运用视觉和听觉通道进行输入

根据工作记忆模型，人类对于由视觉和听觉两个不同感觉通道进入的信息有着彼此独立的加工系统，因此，可以同时对来自不同感觉接收器（眼睛和耳朵）的外部信息进行加工。双通道加工可以降低信息通过单一通道加工的认知负荷。此外，经两种通道独立加工后的信息相互补充、激活整合，在提高信息加工质量的同时增加学习者获取信息的路径，对学习效果有积极作用。

一些实证研究证据表明，视听多模态输入有助于提高二语学习的效率。例如，阮瑾、戴培兴（2012）探讨了非英语专业的大学生在多模态阅读环境下的英语阅读效果。他们把实验对象分成了单模态文字输入组和多模态语言输入组。前者阅读书面教材，后者则使用含音频和视频的网络版教材进行学习。研究者采用测试卷及问卷调查表两种测量工具评估学习者对教材的阅读理解情况。结果显示，多模态语言输入对阅读者的阅读效果产生了更积极的影响，并且产生的阅读效果在短期记忆和长期记忆方面都有一定的保持优势。Liu 和 Todd（2014）以日语二语学习为对象的研究也发现，接受视听多模态学习任务的学习者在阅读理解方面的表现好于只接受视觉单模态任务的学习者。在伴随性词汇学习方面，Webb 和 Chang（2012）的研究发现，通过视听多模态学习英语二语词汇，其效果显著优于视觉单模态学习。Teng（2018）比较了边听边阅读和只阅读这两种条件下英语二语词汇知识的习得效果。该研究主要是从形式识别、语法识别、意义回忆和搭配识别这四个维度去考查学习者对词语的掌握情况。研究发现，虽然在两种条件下，学习者都可以伴随性习得部分词汇知识，但视听多模态条件下词汇习得的效果更好。近期，一些二语搭配的伴随性习得研究也有类似发现。如 Webb 和 Chang（2022）的研究表明，英语二语学习者在视听多模态输入条件下，搭配伴随性习得成绩显著优于视觉单模态或听觉单模态输入条件下的习得成绩。Vu 和 Peter（2022）的一项为期九周的纵向研究也显示，在视听多模态输入条件下，中级英语二语学习者搭配伴随性习得成绩显著优于视觉单模态输入下的成绩。

但也有研究表明，视听多模态输入并不一定能够带来积极的二语学习效应。如顾琦一和臧传云（2011）、朱鑫（2013）针对英语二语者的研究发现，视觉单模态更有助于学习者对二语篇章的理解，视听多模态输入反而会给学习者带来干扰作用，影响学习者阅读理解。Brown 等（2008）则发现视听多模态和视觉单模态学习对二语词汇学习效果没有显著影响。顾琦一、臧传云（2011）则发现，视听多模态输入条件下的伴随性词汇习得成绩低于视觉单模态输入下的成绩，但二者差异未达到显著水平；不过，视听多模态在即时测试时的成绩仍要显著优于听觉单模态输入下的成绩。Diao 和 Sweller（2007）的研究结果则显示，无论是对阅读理解还是词汇习得，视听多模态学习的效果均不如视觉单模态。

我们认为，视听多模态输入是否比视觉单模态输入更有助于二语学习可能与二语的文字类型和书写系统有关。在拼音文字系统（如英文）中，词形和语音具有紧密联系，学习者在很大程度上可以通过词形大致拼读出读音，语音输入的重要性相对较弱；相反，在表意文字系统（如汉字）中，字形在很多情况下并不能直接反映读音，因此，在阅读诸如汉语文本时，加入听觉模态信息可能更有助于学习者激活词形的语音信息，而语音信息的激活有时能够帮助学习者进一步激活语义。例如，有的学习者对许多词停留在"知音不识形"的阶段，此时如果提供听觉输入，则能够帮助他们理解文本的语义。另外，在诸如英文等拼音文字书写系统中，词与词之间有空格作为明确的词边界，学习者不会在分词上产生困难；相反，在汉语书面文本中，词与词之间缺少空间间隔，学习者可能在分词上遇到困难，进而增加了文本理解的难度。此时，如果能够通过语音输入为学习者提供必要的韵律信息，则可能有助于学习者更好地切分语词，提高阅读理解的效率。

视听多模态输入是否比视觉单模态输入更有助于二语学习可能还与学

习的目标有关。例如，当学习目标是某个句法结构形式时，视听多模态输入不一定优于视觉单模态输入的效果；当学习目标是促进二语文本理解或学习生词时，视听多模态输入也许能够起到积极的促学效应。我们将在后续章节中通过实证研究对这一假设进行验证。

2.5.3 应避免产生不必要的外部认知负荷

虽然通过语词和图片的多符号信息或视觉和听觉的多通道信息输入可能产生积极的学习效应，但如果这些多模态教学手段配置不当，也可能产生不必要的外部认知负荷，导致负面效应。如前文所述，外部认知负荷是指由于不恰当的教学设计给工作记忆带来的负荷（Chandler & Sweller, 1991、1992; Sweller, 1994; Sweller, et al., 1998、2019）。这些不恰当的教学设计对实质性的认知没有帮助，即导致工作记忆产生不必要的认知操作，增加了额外的认知负荷。例如，当书本页面或屏幕上语词信息和图片信息在空间上间隔太远或隔开呈现时，学习者就必须使用认知资源在页面或屏幕上搜索以实现对两种分散信息的整合，这就无形当中增加了外部认知负荷，使学习者用于学习目标内容的认知资源相应减少。又如 Lee 和 Kalyuga（2011）的研究发现，汉字和拼音的相对呈现位置显著影响汉语二语初学者的汉语词汇学习成绩。当汉字和拼音采用垂直方式［如图 2.6（b）］呈现时，被试对词语语音、语义和词形的整体学习成绩要显著优于当汉字和拼音采用水平方式［如图 2.6（a）］呈现时的学习成绩。并且，学习者对两种方式的认知负荷水平主观评定得分也显示，垂直呈现的认知负荷得分显著低于水平呈现的认知负荷得分。这是由于当垂直呈现时，每个汉字和拼音在空间上没有分离；相反，当水平呈现时，第一个汉字与对应的拼音之间被第二个汉字隔开，第二个汉字与对应的拼音之间被第一个拼音隔开，因此产生了注意分离效应（split-attention effect），也即外部认知负荷，进而抑制了词汇的学习。Lee 和 Kalyuga（2011）推测，如采用相邻呈现，即意义和拼音都位于汉字的旁边［如图 2.6（c）］，则可能进一步降低外在认知负荷，减少学习者对汉字与拼音、汉字与意义进行匹配操作，获得更好的学习效果。He 和 Loewen（2024）同时比较了水平、垂直、相邻三种呈现方式的学习效果，结果显示，相邻呈现条件下二语学习者的词汇学习成绩确实优于另外两种呈现形式。

图2.6　汉字和拼音的呈现方式

此外,每个感觉通道的加工容量是有限的,因此,在进行多模态教学时,还应考虑各通道的加工容量,避免某一通道的认知负荷过载,导致冗余效应。Sweller(2005)等认为,当信息只需要以某种形式呈现就能让人理解却采用了多种形式进行呈现时,便会产生冗余效应,降低信息加工处理的效率。例如,当讲解一个句型结构时,最好的学习方式是一边视觉呈现该句型结构公式,一边用语音讲解,此时信息分别通过视觉通道和听觉通道进入大脑进行加工,这样既促进了新信息的理解,又不会造成认知负荷过重,是一种恰当的学习方式;相反,如果在句型结构公式下方再加上对该句型结构的文字说明,即公式、文字和语音同时呈现,视觉文本将不能再增加新的有用的信息,反而造成了视觉注意力的分散,其学习效果会更差。Moreno和Mayer(2000)曾发现,如果图像、解说、文本三者同时呈现,那么其学习效果不如只同时采用图像和解说两种模态的效果。这是由于三者同时呈现时,图像和文本会造成视觉工作记忆的超载。在这种情况下,只有部分的认知资源可以用于在图像和解说之间建立联结,因此减少了有意义学习的可能性。由此可见,并非越多模态叠加,学习效果就越好。教学中进行多模态配置时,应考虑多模态的配置是否会增加不必要的外部认知负荷。

第 3 章　多模态学习的认知基础（二）

在第二章中，Paivio 的双重编码理论、Baddeley 的工作记忆模型、Sweller 等的认知负荷理论和 Mayer 的多媒体学习认知理论为如何通过语词和画面两种不同符号系统，以及如何通过视觉和听觉两种感觉通道进行多模态学习奠定了理论基础。在本章中，我们将介绍 Engelkamp（1998）的多模态记忆理论（multimodal memory theory）和以 Barsalou（1999、2003、2008）为代表的具身认知理论（grounded cognition/embodied cognition），这两种理论将进一步扩展上述几种理论的空间，进一步阐释其他类型的多模态学习（如视觉和动觉结合）的认知机制。

3.1　多模态记忆理论

3.1.1　理论背景：动作操作对学习的影响

多媒体学习认知过程模型虽然整合了双重编码理论、工作记忆模型和认知负荷理论，但主要关注的是语词和画面两种模态信息的整合和交互作用。从感知通道的角度看，该模型只涉及视觉通道或视觉和听觉两个通道，未涉及其他模态和通道的作用。但正如 Reid（1987）指出的那样，不同的学习者有着不同的模态偏好，他将学习者风格分为听觉型（auditory）、视觉型（visual）和动觉型（kinaesthetic），三种类型的比例大致为 30%、40% 和 30%。可见，动觉在学习中也具有重要的地位。但相较于视觉和听觉研究，动觉在学习中的作用却未得到充分的重视和关注。直到 20 世纪 80 年代，动觉/动作对学习和记忆的影响才引起研究者们的关注。Engelkamp 和 Krumnacker（1980）、Cohen（1981、1983、1989）、Saltz 和 Donnenwerth-Nolan（1981）等人均发现了动作操作对于学习记忆具有显著的促进作用。

例如，Engelkamp 和 Krumnacker（1980）给被试呈现了一系列不相关的动作短语，随即要求四组被试分别在四种条件下学习并记忆它们。四种条件包括：①执行操作条件，要求被试一边学习动作短语一边执行相应的动作；②想象操作条件，要求被试通过在头脑中想象这些短语的动作来学习和记忆它们；③观察他人操作条件，要求被试通过观看视频中的人物操作这些短语的动作来学习和记忆它们；④言语条件，只是单纯地学习这些短语的语词形式而不需要自己执行操作或者观看他人操作。学习之后，研究者对被试进行再认和自由回忆测试，结果发现在操作条件下，被试学习成绩最好，并且显著高于言语条件下的学习成绩，同时也好于想象操作条件下的学习成绩。为了保证被试的同质性，随后研究者又进行了第二个实验。该实验采用被试内设计，要求 30 名被试对有的动作短语在操作条件下进行学习记忆，有的动作短语在想象条件下进行学习记忆，结果同样发现操作条件下的学习记忆效果具有明显优势。随后，Cohen（1981）的研究结果也发现，执行动作条件下被试的记忆成绩要好于言语学习条件下被试的记忆成绩。Saltz 和 Donnenwerth-Nolan（1981）的研究则比较了在操作条件、想象操作条件和言语条件下进行学习的效果。结果也得到了相似的结论，即执行操作条件下和想象操作条件下的被试记忆成绩都显著优于言语条件下被试的记忆成绩。以上几个研究结果说明，被试学习实验材料时加入动作（动觉模态）能促进学习和记忆；并且，即使这一动作没有真正执行而只是在大脑中被模拟想象，依然对学习和记忆有促进作用，只是这种作用较真正执行动作要弱一些。基于以上及其他一系列相关实验研究结果，Engelkamp（1998）提出了多模态记忆理论（multimodal memory theory），用以解释动作在学习和记忆中的重要作用。

3.1.2 理论模型

如图 3.1 所示，多模态记忆理论区分了具有特定模态的输入系统（entry/input systems）和输出系统（output systems）。输入系统包括非言语输入系统（nonverbal input system）和言语输入系统（verbal input system）。其中非言语输入系统以典型的视觉图片输入作为代表，Engelkamp（1998）将通过这一输入系统形成的记忆表征称为图片节点（picture nodes，PN）。但非言语输入系统不仅仅包括非言语的静态视觉图片输入，还包括物体、动作等其他静态或动态刺激。此外，通过听觉、味觉、嗅觉、触觉等感觉通道所感知的其他非言语信息也属于非言语输入系统的范畴。言语输入系统处理的是以听或阅读的方式获得的语词信息，因此该输入系统以语词节点（word nodes，WN）作为记忆表征的方式。输出系统则包括非言语输出系统（nonverbal output system）和言语输出系统（verbal output system）。非言语输出系统又可以称作运动输出系统（motor output system），这一过程形成的记忆表征称为运动程序（motor programmes，MP），操作（enactment）是最主要的输出方式；言语输出系统则是通过说或书写的形式表达，这一过程形成的记忆表征称为说/写程序（speaking/writing programmes，SP）。

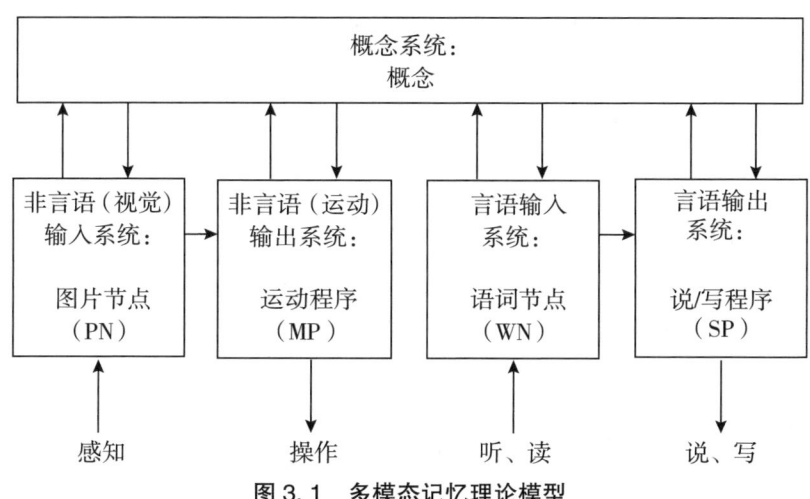

图 3.1　多模态记忆理论模型

以上所有的输入系统和输出系统在很大程度上是独立运作的，而且并非所有的系统都存在着直接的连接关系。但是，无论是输入系统还是输出系统，均与概念系统具有直接关联，都能够通达概念系统。根据这种假设，静态或动态的图片和物体等非言语刺激在非言语输入系统中开始加工，语词刺激在言语输入系统中开始加工，这些输入的刺激会激活概念系统中对应的概念，并可能发出言语或非言语动作的指令，但最终是否真的进行言语输出（说、书写）或执行动作则并不是强制的。换言之，输出系统可能但并不一定需要参与学习的过程。此外，还要注意的是，输出系统不一定要通达概念系统才能输出，信息可以在某个输入系统加工后绕过概念系统直接输出。例如，我们可以模仿某个听到的声音，但可能并不知道这个声音表示的意义。类似地，我们可以模仿某个图片或画面上的动作，但也可能不清楚这个动作具体的含义。

Engelkamp（1998）提出的多模态记忆理论能够解释为何在操作条件下

学习记忆成绩显著优于单纯言语条件下的学习记忆成绩。在单纯的言语输入条件下，仅有语词节点和相关的概念被激活；当加入了动作操作之后，运动程序也会同时被激活。

运动程序被激活的好处在于保证了语词材料所表达的语义在概念系统中进行了加工。当需要学习者根据语词材料执行相应的动作时，学习者必须首先理解语词材料所表达的概念意义，否则便没办法执行动作（Steffens, Buchner & Wender, 2003; Reed, 2006）。例如，当学习者看到或者听到"弹钢琴"这一语词材料时，首先必须通达概念系统并理解"弹钢琴"的意思，随后才可能执行"弹钢琴"这个动作。语义在概念系统中的深加工促进了学习和记忆（Craik & Lockhart, 1972）。

此外，也可以从增加信息编码的具体性（item-specific encoding）角度来理解动作程序被激活对学习的好处。根据扩散激活理论（Collins & Loftus, 1975; Anderson, 1985），语词信息在概念系统被激活后会自动扩散，激活语义相关的节点，这在一定程度上会对需要记忆的信息产生竞争干扰。当要求学习者执行语词信息所指的动作时，与动作对象相关的颜色、质地、形状、声音等多模态的经验信息会被自动激活和编码，这比单纯听语言材料所激活的编码信息要丰富得多。换言之，可以认为当语词节点和动作程序都被激活时，实际上是增加了信息编码表征的具体性，减少了概念扩散激活的干扰作用，从而促进了学习。

类似的，根据多模态记忆理论也可以预测在听、读的学习任务中加入有效的说、写任务可能会有助于促进语言学习。例如，当要求学习者在听完或阅读完一段语言材料后进行复述、改写、续写时，学习者首先必须通达所输入信息的语义，理解听到或读到的材料（即通过概念系统中介），否则无法完成后续的输出任务，这便迫使学习者对学习材料进行深加工。不过，并非所有类型的输出任务都是有效的。换言之，有的输出任务不一定有助于促进语言学习。这是由于言语输入系统也可以不通过概念系统中介，直接与言语输出系统产生连接。例如，有时我们不知道别人说的是什么意思，但能够重复出相同的语音；有时我们不知道一个句子的意思，但也有可能通过死记硬背的方式说出来或写出来。这些情况便是言语输入系统未经概念系统而直接通过输出系统进行输出。这类输出由于未对语义进行深加工，因此并非有效输出，未必会对学习产生积极影响。

有效的输出任务之所以有助于学习，还可能是因为输出任务提升了对所输入材料编码的精细程度。例如，在汉语二语学习中，名量词是学习者的普遍难点。用万能量词"个"替代特定名量词是学习者普遍采用的学习策略，这表明量词"个"在学习者的心理词典中有很强的表征。因此，当输入特定的名量搭配（如"一顶帽子""一块手表"等）时，万能量词"个"常常也会被自动激活，干扰和抑制特定名量词的加工。但如果要求学习者在新的学习任务中模仿使用输入的名量搭配，特定名量词（如"顶""块"）就会得到更深层次的加工，其记忆表征也会加强。

最后，值得注意的是，多模态记忆理论强调，当人们需要回忆一个刚学习过的概念时，回忆的也不仅仅是概念本身，与之相关的某些感觉运动属性信息也会被自动唤起。具体唤起哪些模态信息则取决于概念本身的具体属性和学习加工时的模态。例如，如果是通过视觉模态学习加工静态的事物概念，那么该事物的形状、颜色、大小、方向性、材质等感觉信息会被唤起；如果是通过视觉感知学习运动的概念，那么运动形式、速度和所需利用到的身体部位等感觉信息会被唤起。如果学习的是自己执行的动作概念，回忆的不仅是动作概念，同时还会唤起相关运动信息，即完成这个动作时的方式。近期认知神经科学研究的证据也表明，人们在回忆概念时所激活的脑区确实与学习概念时的模态有关。如 Nyberg 等（2001）采用正电子发射断层扫描（positron emission tomography，PET）技术进行研究的结果表明，在对所学习短语进行再认时，在操作条件下学习的被试比在单纯言语条件下学习的被试激活了更大面积的顶叶区域。Masumoto 等（2006）采用脑磁图（magnetoencephalography，MEG）技术也发现，在再认测验的早期，初级运动区在动作执行条件下被激活，而其在言语条件下几乎不被激活；在再认测验的晚期，动作执行条件比言语条件在右侧顶叶区域存在更大的激活可能性。可见，提供多模态的编码方式能够为提取记忆提供更多的线索。特别是一些与自身感觉运动相关的编码对于概念学习具有重要意义，这一点在具身认知理论中得到了进一步的强调。

3.2 具身认知理论

3.2.1 具身认知理论的基本主张

具身认知（embodied cognition/grounded cognition）（又译为涉身认知、具感认知）是近年来认知科学领域重要的理论主张。它主张认知是一种高度具身的、情景化的活动,身体在认知过程中发挥着关键作用,认知是通过身体的各种体验与环境相互作用获得的。有学者将其称为第二代认知科学或第二次认知科学革命(Lakoff & Johnson,1999;李其维,2008;许先文,2010、2014)。之所以将其视为第二代认知科学或认知科学的二次革命,是由于其与第一代传统的认知科学基本主张有着本质区别。

传统的认知科学(包括符号加工论和联结主义论)都认为认知是"离身的"(disembodied)、无关身体体验的,它们仅将身体视为刺激的感受器和行为的效应器,身体并不参与认知的塑造。例如,符号加工论认为认知过程与计算机的符号加工过程类似,感知系统从外界环境中提取的信息最后转化成抽象符号进行加工和计算。如果将大脑比作计算机的硬件,那么认知加工则类似于计算机的符号表征与操纵,是运行在大脑这个"硬件"上的"软件"或"程序"。因此从理论上讲,认知独立于包括大脑在内的身体,具有离身的性质(叶浩生,2010、2011)。这种信息符号论的思想在语言学领域的反映便是乔姆斯基所主张的转化生成语法。乔姆斯基把语言看作认知系统中相对独立于其他认知模块的一个自足模块,语言模块通过原则与参数的设置形成了一套用以生成合法句子的形式规则。可见,生成语法观同样将语言视为与身体体验无关的一种离身认知能力。随后出现的联结主义论对符号加工模式进行了改良,认为传统的符号加工理论并不能模拟人的认知过程。联结主义论以大脑神经网络结构和并行加工原理来模拟认知加工的过程。虽然联结主义论采用了比符号加工论更先进的算法,但归根结底仍是将认知看作"计算",故在本质上与符号加工论并无二致,都是将认知看作与身体体验无关的离身过程。

与传统认知理论不同,具身认知理论强调认知与身体紧密相关,人与环境接触所获得的身体感知和社会经验是各种认知活动发生的基础。如对于概念的表征,传统的认知理论认为人类的概念系统与感知觉系统(如视觉、听觉)、运动系统、内部状态(如心境、情感)均是相互独立的,概念表征本质上是以非模态的抽象符号形式存在的;具身认知理论则认为概念最初需要通过身体的感觉运动获得,身体各种感觉运动产生的知觉、运动以及内省状态在大脑中留下印迹,并将这些状态记录下来,存储在长时记忆系统中(Barsalou,1999、2008)。换言之,具身认知理论认为大脑中可能并不存在非模态的、独立存在的、稳定的抽象符号表征,所谓的概念表征本质上是模态的、灵活的神经表征,而认知就是感知运动信息以模拟的方式重新激活（Barsalou，1999、2008、2009；Gallese & Lakoff，2005；Glenberg，et al.，2008a、2008b；Lakoff & Johnson，1999；Pecher & Zwaan，2005；张恩涛 等，2013；官群，2019）。例如，"苹果"这一概念在大脑中可能并不是一个抽象的符号，当我们看到"苹果"时，不同通道的感觉特征觉察器会被无意识地自动激活，如苹果的颜色、形状等视觉信息，拿起苹果时感受到的握感、重量，苹果闻起来和吃起来的味道，吃苹果时的体验（如吃到一个甜苹果或酸苹果时内心的舒适或痛苦感受）等不同模态的信息会被激活，共同来表征"苹果"这一概念。而且这一表征激活的过程可能是无意识的自动化过程。

此外，具身认知理论还认为概念并不是被孤立地加工的，而是常常基于其所处的环境、事件之中的（Barsalou，2003）。例如，当人们加工"自行车"这一概念时，除了激活自行车形状、颜色、触感等各种模态特征外，还常常将其与相关的情境联系起来，如骑车的人、骑车的场景等。这是因为情境是知觉的内在属性，人们在对一个概念以模拟的方式激活时，会自然而然地模拟与之相联系的情境。Barsalou（2003）将这一概念情境化的表征称作情境性的概念化过程。对于抽象的概念，具身认知理论也认为离不开感觉运动经验。例如，我们以视觉的空间距离"长"和"短"来表征抽象时间概念的"长"和"短"，以温度感觉的"冷"和"热"来表征抽象的"热情"和"冷漠"（叶浩生，2010）。目前，对于抽象概念如何与感知经验产生联系有不同的解释，有的学者强调情景或运动模拟的直接作用（Barsalou，1999；Glenberg & Robertson，1999），有的则侧重具体经验与抽象概念之间的共同结构关系（隐喻）的作用（Lakoff & Johnson，1999）。但无论如何，语言作为概念使用的载体，其构成要素如词语、形态、句法等都是对概念的表达（Gallese & Lakoff，2005）。因此，语言理解和使用也具有具身性。

3.2.2 语言理解过程的具身性

近年来，不少实验研究发现，人们在理解语言的过程中普遍存在一种心理模拟（simulation）的现象，而且这一模拟的过程不是语言理解过程的副产物，而是在其中起到关键的作用。这为语言理解的具身性提供了直接的证据。下面我们分别从语音、词汇、句子等层面的理解过程来说明这一过程。

3.2.2.1 语音层面的模拟

人们是怎么感知言语的？由于个体发音器官的差异（如共鸣腔大小、声带长短粗细等），不同的人发同样的音时，声学参数存在很大的差异。即便是同一个人，在不同的情景下（如感冒时、着急时）发同一个音也存在差异。但为何听者仍然能将不同的人、不同情景下发出的某个声音识别成同一个音？研究者发现，这主要是由于人们是根据自己的发音动作对外来的语音信息进行解码和感知的（Liberman, et al., 1967；Liberman & Mattingly, 1985）。具体来说，外来的语音首先到达听者大脑的主要听觉皮层，在此被分解为不同频段的声音，再传送到附近的维尼克区进行理解；同时，语音信息通过白质弓状纤维束传送到左脑主要运动皮层，做出相应的"动作"，即通过听者自己的"发音"特性来匹配外来的语音，从而对外来的语音解码（陈忠敏，2015）。这一语音解码的过程得到了认知神经证据的支持。Watkins 等（2003）、Watkins 和 Paus（2004）采用经颅磁刺激（transcranial magnetic stimulation，TMS）技术和 PET 技术发现，听者在接收言语信息时，左半脑额下回鳃盖部（the inferior frontal perculum）即 44 区会处于激活状态。由于左脑 44 区与管理发音动作的主要运动皮层区域接壤，它可以通过直接或者间接方式连接腹侧前运动皮层（ventral premotor cortex）来匹配自己的发音动作，从而感知外来语音（陈忠敏，2015）。Watkins 和 Paus（2004）还通过短暂抑制管理唇部发音动作和管理手部动作的左半脑运动皮层活动来测试被试对特定辅音的类别感知，结果发现，当管理唇部发音动作的左半脑运动皮层受到抑制时，被试对唇音的认定感知和区别感知都受到了影响，表现为对音类感知的时间和感知错误率的增加。D'Ausilio 等（2009）同样采用了 TMS 技术验证语音感知与感知运动皮层的关系。实验中研究者要求被试对两组发音部位不同的音素（双唇音 [b] 和 [p]，舌面音 [d] 和 [t]）进行分辨，在刺激呈现之前对发双唇音或舌面音的相关脑区进行刺激，结果表明，对管理唇部运动的相应脑区进行刺激会促进对相应音素 [d] 和 [t] 的感知，而对不一致的舌面音 [b] 和 [p] 的感知则受到了抑制；相反，对管理舌头运动的脑区进行刺激则促进了舌面音 [b] 和 [p] 的感知，抑制双唇音 [d] 和 [t] 的感知。以上几个实验充分证明，语音的感知需要发音运动系统的参与，或者说需要模拟对应的发音动作，这与近年来语音学领域流行的肌动理论（motor theory）所强调的听者是根据自己的发音动作来对外界语音解码和感知的观点是一致的。

此外，人们所熟知的麦格克效应（McGurk effect）实际上也可以理解为语音感知过程中对语言发音动作的自动模拟。McGurk 和 MacDonald（1976）的经典实验发现，当给被试听［ba］的音的同时，让被试看发［ga］时的发音动作，被试会将听到的［ba］感知为［da］。随后，研究者在不同母语者身上发现了一致的效应。该效应的产生可能是由于当被试听到［ba］时大脑里激活了发出［ba］的运动脑区，自动模拟了［ba］的发音动作，看到［ga］的发音动作时也激活发出［ga］的运动指令，两个发音动作叠加后就形成了发［da］的指令。这些实验结果证实了言语的感知与发音具有密切的关系，我们在言语感知过程中确实需要发音的动作参与解码。但这一解码过程不必通过执行发音来完成，而是通过在大脑中对发音的动作进行模拟和匹配来实现。人类对语音感知的这一过程充分体现了语言感知理解的具身性。

3.2.2.2 词汇层面的模拟

各种模态的意象的唤起（即模拟其所代表的经验）在词汇语义学中扮演着重要的角色，对词汇意义的理解具有不可忽视的作用。例如，apricot（杏）的意义包括有关其外观和味道的意象，throw（扔）包括投掷的视觉及动觉意象（Langacker，2008）。大量的实证研究也证明，语言理解是语言输入激活相应的生活经验轨迹并引起经验重演（伍丽梅 等，2006）。例如，Zwaan 和 Yaxley（2004）的实验发现，在对事物名词进行语义加工过程中，事物的形状会被激活。他们让被试判断启动词和目标词是否具有相关性，结果显示，当启动词和目标词不相关但所指物体形状有相似之处（如"果馅派—时钟""梯子—铁轨"）时，被试判断的反应时（reaction time）短于启动词与目标词毫不相关时的反应时。这说明事物相似的形状信息被激活，干扰了语义相关性的判断。

有的研究则发现，语义加工过程中事物的空间位置信息也被激活。Zwaan 和 Yaxley（2003）使用了那些在现实世界中有固定空间位置关系的物体名词词对作为材料（如"树冠—树根"），要求被试快速判断词对是否语义相关。结果发现，当词对在屏幕上的呈现位置与现实中的空间位置次序一致时（如"树冠"在上，"树根"在下），被试对二者是否具有语义相关性的判断速度要显著快于词对呈现位置与现实空间位置不一致时（如"树根"在上，"树冠"在下）的速度。这一结果说明被试在语义加工时激活了整个物体的视觉空间表征。不过，由于 Zwaan 和 Yaxley（2003）的实验词对均指称同一物体的不同构成部分，位置关系是内在固有的，所以其实验结果也有可能是由于人们语义记忆中具有描述两者空间关系的命题并运用这些命题进行判断而非视觉模拟所引起的。为此，莫雷等（2006）改用指称相关但不存在必然空间关系的两个独立物体作为实验材料（如"书本—桌子"），由于"书本—桌子"这类词对不具有内在固定的位置关系，就不会形成稳固的空间关系命题网络，如"书本"不可能和空间命题"上"建立必然联系。如果实验结果依然发现词对的呈现位置会影响语义相关性的判断速度，则更能说明语义加工激活了事物的视觉空间表征。实验的结果也确实发现，词对呈现位置与其指称物的一般空间位置经验一致时，语义相关性判断速度较快。这为视觉模拟假设提供了更具说服力的证据。

此外，不少行为学和认知神经科学研究还证明事物的动允性特征（即事物被人们操纵的方式，如"花生"等小而轻的物体可以用两只手指捏起来，"砖头"等较大且重的物体则需要用手掌和手指配合抓起）是事物心理表征不可缺少的部分，仅让被试判断或对物体进行分类就能够激活动觉表征（Chao & Martin，2000；Grèzes & Decety，2002；Tucker & Ellis，2001、2004；Ruschemeyer，et al.，2010）。例如，Tucker 和 Ellis（2001、2004）通过一个特殊的反应装置巧妙地发现被试在对事物进行语义加工时激活了其潜在的动觉表征。他们让被试观察两类不同物品或相应图片，一类是体积较小、可以用拇指和食指拾起的物品（如"花生、针"），另一类是体积较大、一般需要用手掌和多个手指配合才能抓起的物品（如"苹果、茶壶"），每类物品有的是自然物，有的则是人造物。被试的任务是通过操作一个特殊反应装置来判断物品是自然物还是人造物。该装置可以通过两种动作做出反应：一种是用拇指和食指按压开关，一种是通过手掌和中指、无名指、小指配合用力握住一个圆柱体做出反应。结果发现，当该物品所暗示的手部动作与被试判断时需做出的反应动作一致时，被试判断的时间更快。Ruschemeyer 等（2010）让被试对一些使用时通常需要靠近身体或远离身体的物体的词语（如"杯子、钥匙"）进行词汇决定任务。研究者发现，当要求被试执行的动作与词语的动允性特征一致时，被试对词语的反应时会更短（如对"杯子"做判断时要求被试按靠近身体的按键，对"钥匙"做判断时要求被试按远离身体的按键）。以上两个实验都表明，物体如何被操纵的具体信息，即动允性在词汇语义加工或检索时会被自动提取和激活，因此对相应的反应动作产生启动效应。

一些研究还发现，感知运动经验在情感抽象概念加工中同样发挥着重要作用。抽象情感词汇的效价与垂直空间之间具有强关联，如积极情感词（如"快乐"）对应的空间位置为"上"，消极情感词（如"悲伤"）对应的空间位置为"下"。这种空间隐喻根植于感知运动经验与视觉体验中。于善志、张雨（2020）的研究发现，二语情感抽象概念确实存在"积极在上，消极在下"的垂直空间隐喻映射；中国英语学习者对二语抽象情感词的加工能够激活垂直空间隐喻映射，二语抽象情感词空间方位"一致"的加工成本低于"不一致"的加工成本。可见，情感抽象概念能够通过隐喻的方式建立与感知运动信息的联系，情感模拟对二语抽象情感词的加工具有促进作用。

近期神经科学实验研究也表明，词汇语义的加工与动觉信息被激活具有相关性。如 Hauk 等（2004）证明，人们在读到表示嘴部、手部和脚部动作的词汇时，大脑所激活的脑区与分别用这些部位执行这些动作时所激活的脑区存在对应关系。这一发现与心理模拟观点相一致（官群，2007）。

以上大量研究共同表明，在词语层面的理解加工会自动激活与词语相关的各类知觉信息。这说明知识概念在大脑中的表征形式并非纯粹的抽象命题，而是包含了各种身体与外界互动所获得的体验（Yeh & Barsalou，2006）。

3.2.2.3 句子层面的模拟

研究者发现，在句子层面的加工理解过程中也会产生心理模拟。Stanfield 和 Zwaan（2001）、Zwaan 等（2002）通过句子—图片核证的范式对此进行了验证。他们要求被试首先阅读句子，每阅读完一个句子后会呈现一幅图片，被试要判断这幅图片中的事物是否在先前的句子中提到过。其中有一半的图片中的事物是之前句子中提到过的，被试需要按键做出"是"反应。在所有做出"是"反应的图片中，图上所呈现事物的摆放方向或形状可能与之前句子中暗示的事物摆放方向或形状相同，也可能不同。例如，被试阅读的句子是"抽屉里放着一支笔"，接着呈现一幅铅笔的图片，图中铅笔要么是水平放置的，要么是垂直放置的；又如被试阅读的句子是"平底锅里有一个鸡蛋"，接着呈现的鸡蛋的图片可能是一个去了蛋壳类似荷包蛋的形状，也可能是保留着蛋壳完整的生鸡蛋形状。实验结果发现，当所读句子中所暗示的事物摆放方向或形状与图片一致时，被试对图片做出判断的速度明显更快。这说明在阅读加工句子时，被试激活了事物的视觉表征信息并进行了心理模拟。因此，当随后出现的图片与所模拟的方向或形状一致时，会促进对图片的判断；如不一致，则对判断产生抑制干扰作用。不过，在以上实验中，被试由于知道在阅读句子后需要对图片进行判断，因此可能策略性地在阅读句子时想象句中所提及事物的样子。换言之，句子理解中的心理模拟可能并不是自动产生的。为了排除策略性加工这一可能性，王瑞明等（2005）对Zwaan等（2002）的实验设计进行了改进，被试在阅读完句子后可能是对词语进行再认，也可能是对图片进行再认，这便大大降低了被试在阅读时刻意模拟事物的概率。但实验结果依然发现当图片与句中暗示的事物形状匹配时，被试对图片的反应时间显著短于图片与句中暗示的事物形状不匹配时的反应时间。虽然研究者在随后的实验中发现当前面所阅读的句子信息进入长时记忆系统后，这种匹配效应不复存在（王瑞明等，2005），但不可否认的是，在句子加工理解的早期阶段存在自动的心理模拟过程。

Coppen等（2012）采用事件相关电位（event-related potential，ERP）技术发现阅读前的视觉经验会影响随后的阅读加工。研究者先给被试呈现物体的图片，同一物体图片有两种不同的形状（如打开或收起来的熨衣板）。随后被试阅读一个包含三个句子的语段，第三个句子中可能提到前面图片中所描绘的事物，但其在语境中暗示的形状可能与图片相同，也可能不同。结果发现，当句子语境暗示的物体形状与之前图片中物体形状不匹配时，被试在关键时间点诱发了更大的N400波。这表明被试在阅读句子时自动模拟了物体的知觉表征。

以上研究主要通过验证句子加工中视觉表征信息的激活证明句子加工中存在自动的心理模拟。还有的研究者试图通过探查人们在加工句子时是否激活了感觉运动表征来验证在言语加工中是否存在自动的心理模拟。例如，Glenberg和Kaschak（2002）先让被试阅读一些包含动作执行的句子（如"请拉开抽屉"），然后让被试按键判断句子是否有意义。按键在一个特殊的反应装置上进行。反应装置上有3个纵向排列的按键，每轮刺激呈现前被试的手指放在位于中间的按键上，判断时通过上下移动手指的位置做出按键反应。一半被试按靠近被试身体方向的键表示肯定反应，按远离身体方向的键表示否定反应；另一半的被试则相反。结果发现，当句子描述的动作与反应的动作方向一致时，反应就快。如句子"请拉开抽屉"暗示的动作是靠近被试身体方向，且被试同样做出肯定反应时，按靠近身体方向按键的时间显著短于按远离身体方向按键的时间。Glenberg 和 Kaschak（2002）将此称为动作-句子兼容效应（action-sentence compatibility effect，ACE）。ACE 不仅在理解具体动作的句子中出现，即使在表示更为抽象的传递义的句子中也发现了类似效应。如阅读"Liz told you the story（李斯告诉你那个故事）."或"The policeman radioed the message to you（警察给你发送了一条消息）."暗示了"故事""消息"传递到"你"（被试）身上，按靠近身体方向按键的时间显著短于按远离身体方向按键的时间；相反，阅读"You told Liz the story（你告诉李斯那个故事）."或"You radioed the message to the policeman（你给警察发送了一条消息）."时客体"故事""消息"是向他人传递，按远离身体方向的按键反应时间更短。Zwaan 等（2004）首先要求被试听一系列句子，这些句子中有的暗示物体向身体靠近［如"The pitcher hurled the softball to you（投手把垒球掷向你）."］，有的则相反［如"You hurled the softball at the shortstop（你把垒球掷向投手）."］。被试在听完句子后需判断相继快速呈现的两幅图片是否相同。图片为除了大小略有差异但其他方面均一致的球体，有的情况下先呈现小球再呈现大球（模拟球体朝靠近被试身体方向运动），有的情况下则先呈现大球再呈现小球（模拟球体朝远离被试身体方向运动）。结果发现，被试在图片出现顺序与句子所暗示运动方向匹配的条件下反应时比不匹配条件下的短。以上两个实验说明，被试对包含动作执行的句子进行理解时会自动激活动觉表征，对句子所描述的动作进行自动模拟。

谢久书（2012）采用知觉负载范式探讨知觉刺激对语言理解的影响。如让被试先看1个或3个无意义图形，或先听1个或3个不同频率的声音并记住它们；然后要求被试对接下来呈现的句子（如"灯笼可以是红色的"或"树叶可以是沙沙的"）是否合理进行判断。结果发现，如果存在听知觉负荷（即先让被试记住声音），则被试在加工包含听觉信息的句子时速度会变慢；如果存在视知觉负荷（即先让被试记住图形），则被试在加工语言中的视觉信息时错误率会增加。上述结果说明当加工感知觉的资源被占用时再加工对应的语言概念会变得困难，可见语言理解加工需要感知觉的参与。

近年来，一些研究发现，不仅在一语理解中存在心理模拟，二语学习者在对目的语的理解中同样激活了感觉运动系统。例如，Ahn 和 Jiang（2018）采用与 Stanfield 和 Zwaan（2001）、Zwaan 等（2002）类似的句子-

图片核证的范式考察韩语二语学习者在句子理解过程中是否自动模拟了句中事物的形状或方向。结果表明，韩语二语学习者与韩语母语者的表现类似，阅读句子时都自动激活了事物的视觉符号表征，只是在模拟程度上略有差异。王慧莉、赵韫晗（2020）的研究同样发现英语二语者在阅读句子过程中激活了物体的形状信息。洪炜、张晓敏和冯聪（2021），洪炜和仇琳娜（2022）的两项研究则进一步表明，二语水平会调节二语学习者的心理模拟强度：虽然不同水平的汉语二语者在句子阅读理解、听力理解加工中均产生了心理模拟，但随着语言水平的提高，心理模拟的强度也会增强。

从以上大量实证研究证据可以发现，语言理解确实存在具身性。在语言理解加工过程中，人们大脑中会激活多种感知觉信息。因此，在语言教学中，我们完全有理由通过各种多模态手段辅助激活这些感知觉信息，进而促进语言理解加工。可以说，从具身认知视角出发理解语言的认知加工过程，为多模态学习理论提供了全新的诠释角度。

3.3　对多模态二语教学的启示

3.3.1　应重视动作、手势在二语学习中的作用

在上一章中提到，图片/图像能够辅助二语学习者对语言的理解。事实上，从具身认知的角度看，图片/图像能够激活大脑中与所学词汇或结构概念相关的多种感知觉信息，因此能够促进对语言的理解加工。同理，通过动作、手势也可以激活与概念相关的感知觉信息，进而促进语言加工。根据多模态记忆理论和具身认知理论，在加入动作的条件下，学习者的学习记忆成绩应显著优于单纯言语条件下的学习记忆成绩。不少实证研究证据也发现，动作、手势确实能够在二语学习中发挥积极作用。

已有不少研究发现，在二语语音学习时让被试同时观察发音的动作能够促进语音的学习（Hardison，2003、2005；Wang，et al.，2008；Hirata & Kelly，2010；Bails，et al.，2022）。例如，Wang 等（2008）比较了汉语母语者用不同方法学习三种英语摩擦音的效果。结果发现，当被试边听边观看发音动作时，其学习效果显著优于只听音或只看发音动作时的效果。还有一些研究发现，打手势也有助于促进对目的语语音韵律的掌握。Derwing 和 Rossiter（2003）在教授二语语音节奏（rhythm）时，让二语学习者一边朗读文本一边用手指敲打节奏，这种方法可以帮助学习者改进目的语语音

的节奏。Gluhareva 和 Prieto（2017）发现，观察母语者说话时伴随的节奏性手势（beat gesture），有助于改善英语二语学习者的英语口音。研究者先录下母语者在一些日常生活中输出话语的场景，如询问公寓的条件如何等。被试会看到两种不同版本的录像，一个版本中母语者在输出话语时，读到一些重音时伴随着简单的手部动作（双手上下或前后运动），另一个版本则没有任何手势。结果发现，当需要产出的话语比较复杂时，被试在观看带有手势的录像后产出的话语口音得到了更显著的改善。Baills 等（2022）的研究也表明，相较于单纯的语音训练，将体态手势与语音训练相结合，能够显著提升学习者的发音和超音段特征（suprasegmental features）的准确性。总的来说，打手势在促进二语学习者语音习得方面具有积极的作用。不过，也有研究发现，手势似乎对超音段特征的学习的促进作用更明显，对音段特征（如元音长短）的学习效果则不明显（Kelly, et al., 2014）。出现这种差异的原因还有待进一步探究。

观察或打手势还有助于二语词汇的学习与记忆。Kelly 等（2009）比较了听力输入、听力+匹配手势输入、听力+不匹配手势输入、反复听力输入四种教学方法对日语二语动词学习的影响。结果发现，当一边解释动词一边做出相匹配的动作时，被试记忆词汇的效果最好，并且这种记忆优势在一个星期后的延时测试中依然得到保持；相反，当一边解释动词词义一边做出不匹配的动作时，如学习动词"喝"时同时做出"洗"的动作，则会干扰词汇的记忆。研究者还测量了学习时加入手势和不加入手势时产生的脑电差异。结果发现，伴随手势进行学习时，大脑双侧顶叶区域产生了更大的晚期正成分（late positive complex，LPC），这从另一个侧面证明手势对于回忆具有促进作用。Khalili 等（2014）则发现，教师一边解释词语一边做手势有助于二语学习者分清同音词的意思。Tellier（2008）还在儿童二语学习者身上发现了手势对于词汇学习的促进作用。

Macedonia 等（2011）进一步通过磁共振功能成像（functional magnetic resonance imaging，fMRI）技术揭示了手势在词语学习中产生作用的原理。为了避免其他因素的干扰，研究者采用假词作为实验材料，被试在学习生词时先看视频中的手势，然后模仿视频中的手势。其中一半的生词在学习时手势与之语义相匹配，另一半生词学习时的动作则是无意义的（如伸手臂、用手揉脚等）。结果发现，手势意义与生词匹配条件下的学习成绩显著优于手势无意义条件下的学习成绩，而且这种优势在 60 天后的词汇自由回忆测试中依然存在。在完成学习阶段后，研究者还通过核磁技术对被试大脑进行了扫描，结果发现，在对学习过的词汇进行词汇判断时，两种学习条件下所激活的大脑区域存在显著差异，只有在手势与生词匹配的条件下，大脑前运动皮层才被显著激活。这说明动作、手势之所以能够帮助记忆词汇是由于它在词汇语义表征中留下了运动痕迹（motor trace），因此增强了学习者对词汇的心理模拟，从而促进了记忆。Macedonia 和 Mueller（2016）进一步发现，在经过 4 天手势辅助学习生词的训练后，学习者在对生词进行再认时激活了广阔的神经网络，包括感觉皮层、运动皮层、基底神经节和小脑。

从以上研究可以发现，在学习生词时加上匹配的手势确实有助于提高学习效率。但目前大部分实验材料用的是语义相对具体的名词和动词，而在其他意义较为抽象的词类学习中，动作手势是否依然有效则还需要更多证据的证明。不过，有研究初步发现，在学习抽象概念的同时伴随观察和执行动作也有助于提高词汇学习成绩（Mayer, et al., 2017; Repetto, et al., 2017）。

在句子层面，也有研究者发现通过动作模拟句子所表达的语境有助于学习者对句子的记忆。例如，Allen（1995）让一年级法语专业的学生学习 50 个法语的固定表达，每次学习 10 个。学习时，实验组被试除了看固定表达的英文翻译并听母语者朗读外，还需跟着视频做出表达该句子情境的动作，如学习"On l'a échappé belle（真是千钧一发）."时，被试模仿视频做出用手背擦拭额头的动作；对照组 1 除了看固定表达的英文翻译并听母语者朗读外，只观看视频做出相对应动作，但自己并不模仿；对照组 2 则并没有观看视频，也没有做出模仿动作。研究结果发现，在五次实验的即时后测中，实验组对固定表达的意义回忆成绩均显著高于两个对照组，而对照组 1 的平均成绩也要高于对照组 2，但未达到显著水平。在最后一次总的延后测中，实验组的保持成绩仍然显著好于对照组 2，但与对照组 1 的成绩差异并不显著。这一实验证明了执行动作对于句子理解具有显著促进作用。同时，观看动作也起到了一定的促进作用，这主要是由于镜像神经元的作用。如上文所讨论的，当我们观看别人执行动作时，大脑中会自动激活真正执行动作时相应的脑区，因此在一定程度上也达到了与执行动作类似的效果。

目前，动作手势对汉语二语学习影响的相关研究还较少。主要研究集中在手势对于语音学习的影响上。如贾琳、王建勤（2013a、2013b）比较了汉语二语者在学习汉语声调时是否有手势引导对声调感知和产出的影响。研究结果发现，教师在领读声调的同时用手势划出调号能够更有效地促进学习者对声调的感知；在声调产出方面，对于低水平汉语学习者来说，即时呈现教师的手势可以有效引导学习者发音器官的运动。可见，教师的手势可以易化汉语声调的学习过程。

有研究比较了图片和动作手势两种包含具身体验的学习方法的效果。结果发现，相较于图片学习，动作手势对于促进词汇学习的作用更显著。如 Repetto 等（2017）让被试学习 30 个抽象的人造假词。在图片辅助学习条件下，除了给被试呈现目标词的母语翻译外，还呈现能够隐喻性地表达该抽象词意义的图片。如"费力"一词，图片呈现的是一个骑自行车的人努力地骑上斜坡，且已是满头大汗。在动作辅助条件下，被试则除了看到目标词的翻译外，还看到一个短视频，视频上模拟表示出抽象词所表达的语义，如对于"传统"一词，被试观看的是一个跳传统舞蹈的动作视频。研究结果发现，在自由回忆和再认测试中，动作辅助学习条件下的测试成绩均显著好于图片辅助学习条件下的成绩。

3.3.2 应注重语言体验与学习环境的互动

目前，具身认知视角已经逐步成为认知科学领域的主流观点之一，但它对二语学习研究的影响才刚刚开始，Atkinson（2002、2010、2011、2014）、Atkinson 等（2007）、Churchill 等（2010）、Nishino 和 Atkinson（2015）所倡导的社会认知模式（sociocognitive approach）可视为具身认知思潮在二语习得领域的回响。该模式大致吸收了具身认知的主要观点，强调了语言体验与身体、社会环境互动在二语学习与教学中的重要性。根据具身认知理论，语言理解与学习等人类高级认知活动都根植于人的身体结构以及最初的身体和世界的相互作用中。语言认知和身体对外部环境的感知之间不是彼此孤立的，而是耦合的（coupling）（肖家燕、李恒威，2008）。因此，语言的习得不是单纯的符号概念的对应、理解和记忆过程，而应是调动不同感觉通道资源和不同符号系统资源与外部环境进行互动，从而构建语言形式意义的过程。具体到课堂教学中，则应注重激活学习者先前存在的知识和经历或建立相应的体验（鹿士义、彭聪，2022）。这就要求摈弃传统的过于依赖课堂教师讲解抽象语言规则且缺少互动的机械操练教学模式，而应该通过创造语境在互动中进行学习。这里的语境是一个宽泛的概念,既包括属于语言的语言本体语境、属于心理范畴的心境、属于社会的情境,还包括属于大脑内部认知图式的认知语境或内部语境(王初明,2007、2009)。

语言学习需要在特定的上下文语境中学习。例如,在教生词时,教师往往会给出词语的搭配,或在句子语境中教授词语的意义和用法,这实际上就是利用了语言的本体语境。此外,让学习者大量阅读用目的语书写的小说、故事文本,观看目的语对白的电影,收听目的语广播等,都有助于学习者在丰富的语境体验中习得地道的目的语表达。但仅囿于本体语境中的语言学习还远远不够,要设法创造有利于语言学习的心境、情境。

首先,在设置学习任务时,教师应该考虑该语言任务是否与学习者适应环境的需求相关。语言学习任务是否与学习者适应环境的需求相关、是否能够激发学习者的表达欲望直接关系到学习的心境。只有当任务有助于提高学习者社会适应能力、能够满足学习者交际需求时,才能够激发学习者学习动机,从而创造出良好的心境,获得更好的学习效果。

其次,学习任务需具有互动性。最理想的互动是自然环境中与本族语者进行对话。这是由于对话中几乎激活了所有的语境因素,既包含上下文语境、对话双方的交际动机,还包含使用场合、说话者表情、动作等丰富的情景信息,因此在自然对话语境中学习十分有效。然而,由于大量学习者并非在目的语环境中学习外语,与本族语者直接对话互动不一定现实,故需要在课堂学习中加强互动。这种互动包括师生、生生的人际互动,也包括学生与学习材料的互动。Long(1983)提出的互动假说(the interaction hypothesis)便强调跟本族语者或水平高于自身的二语者进行对话互动有助于促进二语习得。人际互动之所以具有促学作用,是由于它不仅具备语言的本体语境,还创造了语言使用的情景语境,促进了语言与情景语境之间的契合。可以说,人际互动是促进语言形式与情景语境互动的黏合剂,是学用外语的必经之路(王初明,2007)。但需要强调的是,情景语境不仅发生在人际互动中,还可能发生在学习者与学习材料的互动中。例如,王初明(2016b)提出的"续论"则认为,通过读后续写、听后续说、视听续说、图文续写等多种形式的练习,同样能创设丰富的情景,前文既促进语言的理解,又能为学习者的续作提供支架功能,支撑语言学习和使用,促成语言形式和恰当语境有机黏合。

最后,应避免脱离使用语境的语法讲解和操练。这是由于脱离使用语境的语法讲解和操练容易造成大脑中母语语境知识（内部语境）自动介入补缺，造成外语形式与语境知识的错配（王初明，2007）。由于语言使用总是在语境中进行的，当未经历大量语言接触及语境体验就学语法时，学习者无法获得约束语法使用的目的语语境知识，即他们的内部语境中目的语的语境知识还处于缺省或弱势状态，因而会使用大脑中的母语内部语境知识进行补缺，从而产生各层面上的母语负迁移偏误。可见，语法讲解和操练也需要建立在大量的语言体验基础上才能获得应有的学习效果。

总之，从具身认知的角度看，语言教学是具身的活动（embodied activity）。脱离语境、缺乏互动体验是不利于语言学习和发展的。通过多模态的教学，如用图片、图像、动作手势等可以辅助创设更丰富的语境；同时，通过语言输入和输出两类模态的互动（包括人际互动、人与文本的互动），让学习者真实体验或模拟体验语言的使用情景，能够提高二语学习的效率。

第4章 图文多模态释义对汉语二语词汇学习的影响

4.1 引 言

图片作为一种重要的直观性教学材料,在汉语作为第二语言教学过程中具有重要作用(郑艳群、陈文慧,2006)。双重编码理论认为,人的大脑中存在两个独立又互相联系的认知加工系统:一个负责加工言语信息(如书面文字、语音等),另一个负责处理非语言信息(如视觉图像等)。在此基础上,Mayer(2001)结合多媒体学习提出了多媒体学习认知理论,强调言语信息和图像信息同时进行编码时,信息能得到更有效的整合。上述两种理论为图文多模态释义提供了理论基础。

目前,一些来自德语、英语等拼音文字语言的二语学习研究证据初步证明了图文多模态释义有助于二语词汇学习和加工。例如,Chun 和 Plass(1996)研究了学习德语的大学生在三种不同释义条件(即母语注释、母语注释+图片、母语注释+短片录像)下的词汇学习成绩,研究结果表明,母语注释+图片是最有效的一种多媒体释义方式。Kost 等(1999)对比了只提供英语母语翻译、只提供图片以及同时提供英语母语翻译和图片三种释义方式对德语二语词汇学习的影响,结果发现,同时提供翻译和图片组的被试在即时词汇再认测试中的成绩显著高于其他两个组。Yoshii 和 Flaitz(2002)对英语二语学习的研究结果证明,即使是将母语注释换成二语注释,相较于单纯的二语注释或单纯图片的单模态学习,二语注释+图片的多模态学习方法依然在词汇学习中保持着优势。Yeh 和 Wang(2003)进一步考察了不同二语者学习风格是否对文字+图片多模态注释模式的效果产生影响,结果发现,无论是倾向于采用听觉通道、视觉文字通道、视觉图片通道还是混合通道进行学习的二语者,均能在文字+图片条件下获得最好的词汇学习效果。国内英语二语学界的研究者也就图片对英语二语词汇学习的作用进行了考察。例如，李红、李于南（2007）发现，汉语注释+图片的模式比只有汉语注释的模式更有利于英语新词词义的学习和长时记忆；武卫、许洪（2009）考察汉语、英语、汉语+图片、英语+图片四种注释方式对汉语母语者英语二语伴随性词汇学习的影响，结果同样证实，文字和图片组合注释的学习方式优于只有文字注释的学习方式，并且，在四种注释方式中，汉语+图片的注释方式最有利于二语伴随性词汇学习。

以上来自拼音文字语言学习的证据共同表明，图文多模态释义对于二语词汇学习具有积极作用。但上述研究大多考察的是在阅读中伴随性学习词汇时采用不同模态释义的效果，较少关注在刻意词汇学习过程中不同模态释义方式的效果。由于在伴随性词汇学习和刻意词汇学习过程中，学习者学习的目标、注意力的分配均不相同，因此，在伴随性词汇学习条件下所得结论是否同样适用于刻意学习条件需要进一步验证。

此外，这些研究均未深入考虑词汇抽象程度这一词汇自身属性对不同模态释义效果的影响。前人有关研究表明，抽象词语习得的难度比具体词语大（de Groot, 1992; de Groot, et al., 1994; Altarriba & Bauer, 2004; Farley, 2012），那么，图文多模态释义对这两类词语学习效果的影响是否存在差异？对于具体词，如表物名词"桌子""手机"，动作动词"踢""扫"等，通过图片能够直观地传递词义；对于抽象词，如"面临""领悟"等，则难以直接通过图片指示词义，但图片仍可间接地起到传递词义的作用。例如，在学习"面临"时，教师展示以下画面：一个人正站在十字路口，一条路上写着"找工作"，一条路上写着"读大学"，而人物露出了犹豫不决的表情，头上出现多个问号（Shen, 2010）。以上画面在一定程度上也传递了抽象词表达的语义概念。但相较于图片对具体词的直观释义，这种迂回的图片释义在多大程度上有助于抽象词的理解与记忆还值得深入研究。

关于图文多模态释义对二语词汇学习作用的研究证据大多来自拼音文字语言的二语学习。对于汉语二语词汇学习，图文多模态释义的作用大多集中在可行性探讨层面，如卢娜、郑艳群（2008）讨论了运用图片进行动词释义的方式、原则和辅助手段，刘若云、洪炜（2013）提出了在初级阶段词汇教学中采用图文释义的具体方法；通过实证方式验证图文多模态释义对汉语二语词汇学习的积极作用的证据则不充分。Shen（2010）是目前为数不多的一篇对比文字单模态和图文多模态词汇释义对汉语二语词汇学习影响的实证研究。该研究将被试分为两个组,对实验组被试呈现词语的意义、用法和图片,对控制组被试则仅呈现词语的意义和用法。结果表明,对于具体词语,实验组和控制组被试的记忆成绩没有差异;对于抽象词语,实验组被试的记忆成绩则显著好于控制组被试。研究者认为,学习具体词语时之所以没有发现图片的促学作用可能是由于被试在学习过程中有意识地唤起已存储在大脑中的具体事物的心理意象,因此促进了具体词语的加工和记忆;由于抽象词所表达概念不具有实体性,所能自发激起的心理意象较弱,因此借助图片有助于增强心理意象,帮助抽象词的学习和记忆。不过,在 Shen 的这项研究中,研究者在实验组(图文多模态)和控制组(文字单模态)被试学习词汇的过程中均加入了大量的师生互动和生生互动操练。例如教"中餐"一词时,教师问学习者:"你喜欢吃中餐吗?"学习者必须用目标词"中餐"回答。随后,学习者还要用"中餐"进行小组对话。紧接着还进行了两个词汇练习:①学习者根据教师念的词语找出相应的词卡片;②教师展示词卡片,学习者读出卡片上的词语。这些互动环节大大强化了被试对目标词的记忆和加工,故最后的学习效果可能是释义环节和操练环节的共同作用。换言之,对于汉语二语词汇教学,图文多模态释义相较于文字单模态释义究竟是否具有优势依然需要进一步验证。此外,该研究中所招募的被试均为单一的初级水平汉语学习者,因此,语言水平变量是否会对不同模态释义条件下的词汇学习效果产生影响也有待深入考察。

基于以上研究背景,本章拟以泰语为母语,汉语水平分别为初级和中级的汉语学习者为被试,通过实证研究来验证在刻意学习时,图文多模态释义是否相较于文字单模态释义更有助于汉语二语词汇的学习。具体来说,本章要回答以下三个问题:①图文多模态释义条件下的词汇学习成绩是否显著好于文字单模态释义条件下的词汇学习成绩?②相较于文字单模态释义,图文多模态释义是否在汉语具体词和抽象词的学习中均表现出了促学优势?③相较于文字单模态释义,图文多模态释义是否在不同语言水平学习者的汉语词汇学习中均具有优势?

我们希望该研究能为教师有效地利用图片进行汉语二语词汇教学提供一些启示。

4.2 研究方法

4.2.1 被试

被试为在中国南方某重点高校学习汉语的 56 名泰国留学生。实验一以初级水平泰国留学生为被试，共 28 人，其中男生 7 人，女生 21 人，年龄在 22~25 岁之间。所有初级水平被试均未达到 HSK 四级考试。实验二以中级水平泰国留学生为被试，共 28 人，其中男生 8 人，女生 20 人，年龄在 18~21 岁之间。所有中级水平被试均通过了 HSK 四级考试。由于高级水平被试数量不足，且高级水平被试具有较高的语言能力，较少需要借助图片理解生词，因此未将高级水平被试纳入研究范围。

4.2.2 实验材料

实验材料的准备过程如下。

首先确定目标词。分两个步骤：①从《新汉语水平考试大纲（HSK 四级）》《新汉语水平考试大纲（HSK 五级）》（国家汉办、孔子学院总部，2009）词汇表中选出用于实验一，即适合初级水平被试的备选目标词 32 个，这些词均为双音节词，其中具体词和抽象词各 16 个，每类词中均包括名词、动词各 8 个。类似地，从《新汉语水平考试大纲（HSK 六级）》（国家汉办、孔子学院总部，2010）词汇表和超纲词中选出用于实验二，即适合中级水平被试的备选双音节目标词 32 个，其中具体词和抽象词各 16 个，每类词中均包括名词、动词各 8 个。选词时要求各实验中的具体词和抽象词的笔画数基本相当。实验一具体词平均生词笔画数为 17 画，抽象词平均生词笔画数为 16 画；实验二具体词平均生词笔画数为 17 画，抽象词平均生词笔画数为 18 画。②为了确保所选的词语是被试从未学过的词语，在实验前分别请与正式实验被试语言水平相当的但不参加正式实验的汉语二语者 20 名（初级、中级各 10 名）进行前测。请对应水平的被试从备选目标词词表中勾选出不认识的词语，并根据被试的勾选情况替换掉个别学习者认识的目标词。被替换的词要求与替换词的属性（抽象/具体）、词性和笔画数一致。

确定目标词后，通过百度和 Google 等网站搜索与目标词对应的图片，并利用 Photoshop 软件对图片进行必要的加工。

最后，为每个目标词配上泰语翻译和汉语例句。例句中除目标词外的其余词语均为相应水平阶段的被试已正式学过的词语（附录 1）。

4.2.3 测量工具和评分标准

实验一和实验二的测量工具均为两套结构相同的测试题，分别用于即时测和延后测。每套测试包括词汇理解测试和词汇产出测试两部分。

（1）词汇理解测试。该部分给出目标词，要求被试用泰语写出目标词词义，主要考查被试对目标词词义的理解和记忆。如：

彩虹：_____　　　　安慰：_____

（2）词汇产出测试。该部分要求被试根据泰语释义写出目标词，若不能写出汉字，则用拼音代替。该题主要考查被试对目标词的产出情况。如：

สายรุ้ง：_____　　　　ปลอบใจ：_____

每部分包括 16 道小题。满分为 16 分。其中第一部分每小题释义正确得 1 分，释义错误或未答记为 0 分。

第二部分每题评分标准如下：用汉字写出正确的词语，如"彩虹"，得 1 分；用汉字和拼音混合写出正确词语，如"彩 hóng"，或用汉字写出两个字，但其中有一个字写成与目标词相近的别字或错字，如"彩红"，得 0.75 分；用拼音写出正确的词语，如"cǎihóng"，或只用汉字写出一个正确的语素，另一个语素书写完全错误或未写，如"彩—"，得 0.5 分；只用拼音写出一个正确的语素，如"cǎi—"，或用汉字写出一个形近语素，如"采—"，得 0.25 分；完全写错或未作答记为 0 分。

4.2.4 实验程序

实验一、实验二均包括五个阶段：前测，教学处理，即时测，延后测，问卷调查。

（1）前测阶段。前测的目的在于测量被试对实验目标词的掌握情况，确保目标词为被试不认识的词语。

（2）教学处理阶段。被试分别学习 32 个实验目标词。32 个目标词可以分为四种情形，即图文释义—具体词、图文释义—抽象词、文字释义—具体词、文字释义—抽象词，每种情形分别有 8 个词语。为了平衡词汇差异及释义模态呈现顺序对实验结果可能造成的影响，我们将实验材料编制成 4 个版本。4 个版本的词语学习顺序如下：

V1：图文释义—词集 A，文字释义—词集 B，文字释义—词集 C，图文释义—词集 D；

V2：文字释义—词集 C，图文释义—词集 D，图文释义—词集 A，文字释义—词集 B；

V3：图文释义—词集 B，文字释义—词集 A，文字释义—词集 D，图文释义—词集 C；

V4：文字释义—词集 D，图文释义—词集 C，图文释义—词集 B，文字释义—词集 A。

每个词集均包含 8 个目标词，具体词、抽象词各 4 个。各词集中具体词和抽象词的顺序随机排列。被试平均随机分配一个版本的学习材料进行学习，即每个版本都有 8 名被试学习。

每个词语均有拼音、泰语翻译和例句。实验一中，每个词语首先呈现词形、拼音和泰语翻译 10 秒，随后呈现例句（文字单模态释义）或例句+图片（图文多模态释义）20 秒。因学习词语较多，为了避免被试过度疲劳而对实验结果产生影响，在呈现了 2 个词集（共 16 个词）后安排了短暂的 3 分钟休息。被试一共进行两轮词汇学习。实验二与实验一操作步骤一致，但学习词语不同，且在呈现例句或例句+图片时时间调整为 15 秒。具体呈现方式如图 4.1～图 4.4 所示。

ànmó 按摩　นวด	ànmó 他今天工作很累，所以去按摩了。

图 4.1　具体词文字单模态释义示例

xìnniàn 信念　ความเชื่อ	xìnniàn 我们要有一定能成功的信念。

图 4.2　抽象词文字单模态释义示例

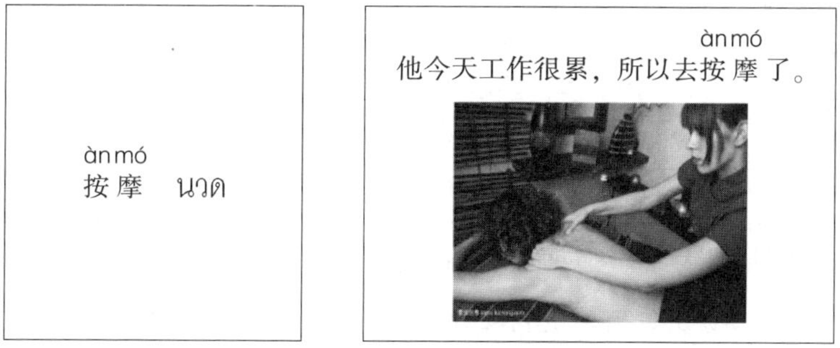

图 4.3　具体词图文多模态释义示例

图 4.4　抽象词图文多模态条件

（3）即时测阶段。被试学习完目标词后，立即进行第一次词汇测试。

（4）延后测阶段。延后测在教学处理阶段结束后的第二天进行。测试内容与即时测一致，但为了减少练习效应，我们对每部分的词语顺序进行了调整。

（5）问卷调查阶段。请被试完成一份简单的问卷调查，考查被试对不同模态释义方式的主观感受。

4.3　实验一结果

4.3.1　初级水平被试词汇理解成绩

我们分别统计每名被试在图文—具体词、图文—抽象词、文字—具体词、文字—抽象词四种条件下的答题得分率，并计算所有被试的平均得分率，结果如表 4.1 所示。

表 4.1　初级水平被试词汇理解即时测和延后测得分率　　　　单位:%

释义条件	即时测		延后测	
	具体词	抽象词	具体词	抽象词
图文释义	87.30 (15.75)	68.10 (28.06)	75.95 (25.33)	50.67 (30.07)
文字释义	75.43 (31.89)	56.17 (36.28)	67.99 (29.14)	42.54 (30.62)

说明：括号内的数字表示标准差（SD）。表 4.2～表 4.4 同此。

使用 SPSS 25.0 对结果进行 2（释义模态）×2（词汇属性）×2（测试时间）的重复测量方差分析（repeated measures ANOVA）。结果如下：

（1）三个变量的主效应均显著。具体而言，释义模态的主效应显著，在图文多模态的条件下被试的词汇理解得分率（70.5%）显著高于文字单模态下的理解得分率（60.5%），$F(1, 27) = 6.406$，$p=0.018<0.05$。词汇属性的主效应显著，具体词的理解得分率（76.7%）显著高于抽象词的理解得分率（54.4%），$F(1, 27) = 35.761$，$p<0.001$。测试时间的主效应也显著，即时测的理解得分率（71.7%）显著高于延后测的理解得分率（59.3%），$F(1, 27) = 28.111$，$p<0.001$。

（2）三个变量的两两交互效应均不显著。具体而言，释义模态与词汇属性的交互效应不显著，$F(1, 27) <1$，$p=0.983$，说明无论是对于抽象词还是具体词，图文多模态的理解成绩均显著好于文字单模态的理解成绩；释义模态与测试时间的交互效应不显著，$F(1, 27) <1$，$p=0.238$，说明无论在即时测还是延后测，图文多模态的理解成绩均显著好于文字单模态的理解成绩；词汇属性与测试时间的交互效应不显著，$F(1, 27) = 2.929$，$p=0.098$，说明无论在即时测还是延后测，具体词的理解成绩均显著好于抽象词。

（3）释义模态、词汇属性和测试时间的三项交互效应也不显著，$F(1, 27) <1$，$p=0.986$。这说明无论是在即时测还是延后测，对于具体词，图文多模态条件下的理解成绩显著好于文字单模态条件下的理解成绩；对于抽象词，图文多模态条件下的理解成绩也显著好于文字单模态条件下的理解成绩。

4.3.2 初级水平被试词汇产出成绩

我们同样分别统计每名被试在图文—具体词、图文—抽象词、文字—具体词、文字—抽象词四种条件下的产出得分率，并计算所有被试的平均得分率，结果如表4.2所示。

表4.2 初级水平被试词汇产出即时测和延后测得分率　　　　单位:%

释义条件	即时测		延后测	
	具体词	抽象词	具体词	抽象词
图文释义	44.65（28.88）	34.13（33.04）	37.05（31.99）	25.69（27.20）
文字释义	42.73（32.24）	26.24（25.89）	36.12（31.30）	21.41（25.44）

同样对词汇产出的成绩进行2（释义模态）×2（词汇属性）×2（测试时间）的重复测量方差分析。结果如下：

（1）释义模态的主效应边缘显著。图文多模态下被试词汇产出得分率（35.4%）高于文字单模态下的产出得分率（31.6%），$F(1, 27) = 3.609$，$p=0.068$。词汇属性的主效应显著，具体词的产出得分率（40.1%）显著高于抽象词的得分率（26.9%），$F(1, 27) = 24.622$，$p<0.001$。测试时间的主效应也显著，即时测的得分率（36.9%）显著高于延后测的得分率（30.1%），$F(1, 27) = 6.234$，$p=0.019<0.05$。

（2）三个变量的两两交互效应均不显著。具体而言，释义模态与词汇属性的交互效应不显著，$F(1, 27)<1$，$p=0.462$，说明无论是对于抽象词还是具体词，图文多模态条件下的词汇产出成绩均显著好于文字单模态下的产出成绩；释义模态与测试时间的交互效应不显著，$F(1, 27) = 1.118$，$p=0.300$，说明无论在即时测还是延后测，图文多模态下词汇产出成绩均显著好于文字单模态下的产出成绩；词汇属性与测试时间的交互效应也不显著，$F(1, 27)<1$，$p=0.866$，说明无论在即时测还是延后测，具体词的产出成绩均显著好于抽象词。

（3）释义模态、词汇属性和测试时间的三项交互效应也不显著，$F(1, 27)<1$，$p=0.617$。这说明无论是在即时测还是延后测，对于具体词，图文多模态条件下的产出成绩显著好于文字单模态条件下的产出成绩；对于抽象词，图文多模态条件下的产出成绩也显著好于文字单模态条件下的产出成绩。

4.4 实验二结果

与实验一类似，分别统计每名被试在图文—具体词、图文—抽象词、文字—具体词、文字—抽象词四种条件下词汇理解题和词汇产出题的得分率，并分别计算所有被试两个部分的平均得分率，结果如表4.3、表4.4所示。

4.4.1 中级水平被试词汇理解成绩

表4.3 中级水平被试词汇理解即时测和延后测得分率　　　　单位：%

释义条件	即时测		延后测	
	具体词	抽象词	具体词	抽象词
图文释义	90.97（18.75）	76.51（31.61）	77.62（26.05）	68.01（34.09）
文字释义	86.91（21.12）	67.87（32.80）	78.57（26.50）	54.32（38.16）

使用 SPSS 25.0 对结果进行 2（释义模态）×2（词汇属性）×2（测试时间）的重复测量方差分析。结果如下：

（1）三个变量的主效应均显著。具体而言，释义模态的主效应显著，图文多模态条件下被试词汇理解得分率（78.3%）显著高于文字单模态条件下的词汇理解得分率（71.9%），$F(1, 27) = 4.998$，$p = 0.034 < 0.05$。词汇属性的主效应显著，具体词的词汇理解得分率（83.5%）显著高于抽象词的得分率（66.7%），$F(1, 27) = 30.936$，$p < 0.001$。测试时间的主效应也显著，即时测的词汇理解得分率（80.6%）显著高于延后测的得分率（69.6%），$F(1, 27) = 9.111$，$p < 0.01$。

（2）释义模态与词汇属性的交互效应也显著，$F(1, 27) = 6.560$，$p = 0.016 < 0.05$，说明对于不同词汇属性的词语，是否提供图片释义的理解效果可能不同。因此，我们进行了简单主效应分析，结果显示，对于具体词，释义模态的主效应不显著，即图文多模态和文字单模态释义对具体词的理解成绩影响不显著；对于抽象词，图文多模态释义条件下词汇理解成绩显著好于文字单模态释义条件下的理解成绩。

（3）其他变量的两两交互效应均不显著。具体而言，释义模态与测试时间的交互效应不显著，$F(1, 27) < 1$，$p = 0.995$，说明无论在即时测还是延后测，图文多模态条件下的理解成绩均显著好于文字单模态条件下的理解成绩；词汇属性与测试时间的交互效应不显著，$F(1, 27) = 2.929$，$p = 0.960$，说明无论在即时测还是延后测，具体词的理解成绩均显著好于抽象词。

（4）释义模态、词汇属性和测试时间的三项交互效应也不显著，$F(1, 27) = 2.053$，$p = 0.163$。这说明无论是在即时测还是延后测，对于具体词，图文多模态条件下的理解成绩与文字单模态条件下的理解成绩无显著差异；而对于抽象词，图文多模态条件下的理解成绩显著好于文字单模态条件下的理解成绩。

4.4.2 中级水平被试词汇产出成绩

表4.4 中级水平被试词汇产出即时测和延后测得分率　　　单位:%

释义条件	即时测		延后测	
	具体词	抽象词	具体词	抽象词
图文释义	58.45（25.19）	49.76（31.72）	57.31（30.38）	44.54（33.62）
文字释义	53.53（24.26）	49.06（32.40）	55.27（30.50）	44.33（35.34）

对中级水平被试的词汇产出成绩进行2（释义模态）×2（词汇属性）×2（测试时间）的重复测量方差分析。结果如下：

（1）释义模态的主效应不显著。图文多模态条件下被试词汇产出得分率（52.5%）与文字单模态条件下的产出得分率没有显著差异（50.5%），$F(1, 27) < 1$，$p = 0.506$。词汇属性的主效应显著，具体词的产出得分率（56.1%）显著高于抽象词的产出得分率（46.9%），$F(1, 27) = 11.665$，$p = 0.002 < 0.01$。测试时间的主效应不显著，即时测的产出得分率（52.7%）与延后测的得分率（50.4%）无显著差异，$F(1, 27) < 1$，$p = 0.444$。

（2）所有变量的两两交互效应均不显著。具体而言，释义模态与词汇属性的交互效应不显著，$F(1, 27) < 1$，$p = 0.541$，说明无论是对于抽象词还是具体词，图文多模态条件下的产出成绩和文字单模态条件下的产出成绩差异均不显著；释义模态与测试时间的交互效应不显著，$F(1, 27) = 2.644$，$p = 0.491$，说明无论在即时测还是延后测，图文多模态条件下的产出成绩和文字单模态条件下的产出成绩差异也均不显著；词汇属性与测试时间的交互效应也不显著，$F(1, 27) = 3.133$，$p = 0.088$，说明无论在即时测还是延后测，具体词的产出成绩均好于抽象词的产出成绩。

（3）释义模态、词汇属性和测试时间的三项交互效应也不显著，$F(1, 27) < 1$，$p = 0.698$。这说明无论是在即时测还是延后测，对于具体词，图文多模态条件下的词汇产出成绩和文字单模态条件下的产出成绩无显著差异；对于抽象词，图文多模态条件下的词汇产出成绩和文字单模态条件下的产出成绩也无显著差异。

4.5 问卷调查结果

问卷以"问卷星"的形式发放，发放给实验一和实验二的56名被试，收回55份问卷。其中，参与实验一的初级水平被试回收27份，回收率为96.4%；参与实验二的中级水平被试回收28份，回收率为100%。

首先，我们调查了被试对于通过图片辅助生词学习的需求，结果如图4.5所示。

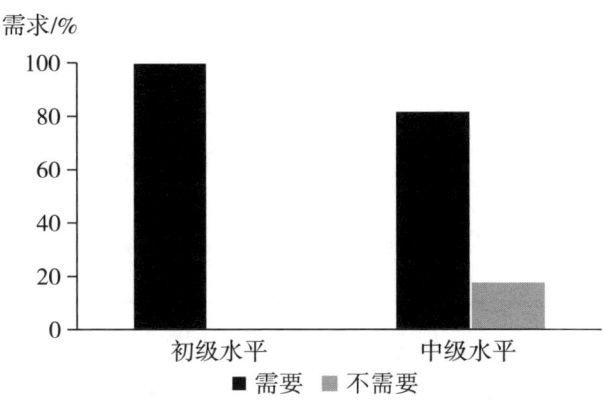

图 4.5 被试对图片辅助生词学习的需求

从图 4.5 可以看出，所有初级水平被试和超过 80% 的中级水平被试认为需要图片来辅助词汇教学。可见，绝大多数的被试均认为图片对于汉语二语词汇学习是必要的。那么，被试认为图片对于词汇学习的哪一方面帮助更大呢？我们接下来请被试对图片在词汇理解和词汇记忆两方面的帮助程度进行选择，结果如表 4.5 和表 4.6 所示。

表 4.5 初级水平被试对图片辅助生词学习效果的评判结果　　单位：人

评判项目	没有帮助	帮助不大	一般	帮助较大	帮助非常大
图片是否有助于理解生词	0	1（3.7%）	9（33.33%）	14（51.86%）	3（11.11%）
图片是否有助于生词记忆	0	4（14.82%）	9（33.33%）	13（48.15%）	1（3.7%）

说明：括号内的数字表示所占百分比。表 4.6 同此。

由表 4.5 可以得知，初级水平被试中，约 63% 的被试认为图片能较好或很好地辅助生词的理解，只有 3.7% 的被试认为图片对生词理解帮助不大。对于图片是否有助于生词的记忆，情况也类似，约 52% 的被试认为图片对于生词记忆的帮助较大或非常大，只有不到 15% 的被试认为图片对生词记忆帮助很小。

表 4.6　中级水平被试对图片辅助生词学习效果的评判结果　　单位：人

评判项目	没有帮助	帮助不大	一般	帮助较大	帮助非常大
图片是否有助于理解生词	0	9（32.14%）	13（46.43%）	6（21.43%）	0
图片是否有助于生词记忆	0	8（28.58%）	10（35.71%）	10（35.71%）	0

从表 4.6 可以发现，中级水平被试中，只有约 21% 的被试认为图片对理解生词的帮助较大，接近一半的被试认为图片的帮助程度为一般，同时还有接近 1/3 的被试认为帮助不大。对于图片对生词记忆的作用，各有约 36% 的被试认为帮助很大或者帮助一般，有约 29% 的被试则认为帮助不大。两项调查中均没有被试认为图片完全没有帮助或者帮助非常大。

以上调查结果表明，不同语言水平的被试对图片辅助词汇学习作用的主观感受存在差异。这一结果与实验一、实验二的结论基本一致。总体来说，初级水平被试更倾向于认为图片能很好地帮助理解和记忆生词；中级水平被试对图片作用的认同度则相对较低，但多数中级水平被试仍认为图片在词汇学习中有积极作用。

4.6　分析与讨论

4.6.1　图文多模态在二语词汇学习中的优势

实验一表明，对于初级水平被试，图文多模态释义条件下的词汇理解和词汇产出成绩都要显著优于文字单模态释义条件下的成绩；在实验二中，虽然对于中级水平被试，图文多模态和文字单模态释义条件下的词汇产出成绩差异不显著，但图文多模态条件下的整体词汇理解成绩仍然显著优于文字单模态释义条件下的理解成绩。这表明，整体而言，图文多模态的释义比文字单模态释义更有助于汉语二语学习者对词汇的习得。大多数前人研究证明了在拼音文字语言的二语伴随性词汇学习中，图文注释比文字注释效果好。本研究与 Shen（2010）的研究共同表明，对于表意文字语言如汉语的二语词汇学习，提供图文多模态释义同样具有优势。此外，初、中级水平被试主观上都认同图片在词汇学习中的积极作用，但初级水平被试的主观认同度高于中级水平被试。并且,本研究在 Shen (2010) 的研究基础上探讨了语言水平变量对图文多模态释义效果的影响,进一步扩展了图文多模态释义的适用范围。我们认为,图文多模态释义的促学优势可以从以下几方面进行解释。

首先,根据双重编码理论和多媒体学习认知理论,文字释义信息和图片释义信息通过不同加工系统进行加工,而这两个加工系统又是相互连接的。因此,当进行图文多模态释义时,学习者可以在两个加工系统的信息之间建立联系并进行整合,进而提高对目标词的理解和记忆。Mayer 等 (2015) 从大脑神经基础的层面证明了图片和语词在大脑中的加工和存储调用了不同的脑区。因此,当同时给被试提供图片和文字注释时,词语的语义概念可能在更广阔的神经网络中得到表征和保持。

其次,采用图片辅助进行词汇教学有助于学习者在词语与概念之间直接建立联系,减少母语语义的干扰。通过母语翻译词来教授生词是二语词汇教学中十分常见的方法,目前针对初级学习者的二语教材在生词释义时也普遍采用这种方式。应该说,母语翻译是让学习者快速理解二语生词词义的方便且有效的手段 (Shen, 2015;张博, 2018)。但由于许多母语翻译词的内涵和外延不一定与目的语生词完全对等,如果学习者完全依赖母语翻译词理解目标词生词词义,则可能产生误导,并容易导致石化现象。Jiang (2000) 的研究就表明,二语学习者在词汇习得过程中经历了将母语翻译词词义直接复制到二语词条中的阶段,并且大部分词语的习得会停留在这一阶段,即使到了较高水平阶段,学习者仍无法真正摆脱母语翻译词意义和用法的影响。这可能与学习者在学习最初阶段过于依赖词汇的母语释义有关。我们认为,图片释义能够在一定程度上减少学习者对母语翻译的依赖。当图片能直接展示词语所指称的事物概念时,学习者便可以将二语词与所指概念直接建立联系而不必过于依赖母语翻译词进行理解,这将有助于抵御由翻译词带来的母语负迁移。

最后,图片能够丰富课堂教学的形式,增加课堂教学趣味性。人的记忆是具有选择性的,人们只对自己感兴趣的东西给予关注。在二语词汇学习当中,如果每个词语都通过文字形式来释义,词汇学习容易变得乏味无趣。图片作为另一套视觉符号系统,能够较好地再现事物的形状、颜色、质地、出现情景等信息,更容易引起学习者的注意,使内容变得更真实有趣,从而激发学习者学习动力,提高学习效率。

4.6.2 词语属性和语言水平对图文多模态促学作用的影响

从实验一、实验二的结果来看,词语属性和语言水平两个变量共同调节图文多模态释义的效果。具体而言,对于初级水平被试,无论是学习抽象词还是具体词,图文多模态释义条件下的词语学习成绩均显著好于文字单模态释义条件下的词语学习成绩。对于中级水平被试,学习具体词时,图文多模态和文字单模态释义条件下的学习成绩没有显著差异;学习抽象词时,图文多模态释义条件下的词汇理解成绩要显著好于文字单模态释义条件下的词汇理解成绩。

那么,同样是具体词,为何图文释义对初级水平被试的促学作用要大于对中级水平被试的促学作用?我们认为,这和被试在词汇加工过程中多大程度上自动激活了事物的心理图像/意象(mental image)有关。Zwaan 和 Yaxley(2004)的实验发现,母语者在对事物名词进行语义加工时,事物的形状会被自动激活。他们让母语被试判断启动词和目标词是否具有相关性,结果显示,当启动词和目标词不相关但所指物体形状有相似之处,如"pie(果馅派)—clock(时钟)""ladder(梯子)—railroad(铁轨)"时,被试判断的反应时短于启动词与目标词毫不相关时的反应时,这说明事物相似的形状信息被激活,因此干扰了语义相关性的判断。Stanfield 和 Zwaan(2001)、Zwaan 等(2002)让被试首先阅读句子,然后要求被试判断随后出现的图片里的事物是否在先前阅读的句子中提到过。在所有提到过的事物图片中,有的所呈现事物的摆放方向或形状与之前句子中暗示事物摆放方向或形状相同,有的则不同。如被试阅读的句子是"抽屉里放着一支笔",接着呈现一幅铅笔的图片,图中铅笔要么是水平放置的,要么是垂直放置的。实验结果发现,当所读句子中所暗示事物摆放方向或形状与图片一致时,被试对图片做出判断的时间明显更短。这说明在阅读加工句子时,被试激活了事物的心理图像表征。

冯聪(2014)、Ahn 和 Jiang(2018)采用了与 Stanfield 和 Zwaan(2001)类似的任务考察了二语学习者在阅读加工时心理图像的激活情况。Ahn 和 Jiang(2018)的结果发现,对于高级水平的二语学习者,这种阅读中自动激活的心理图像同样存在,且激活强度与母语者无显著差异。不过,冯聪(2014)针对较低水平的二语者进行实验却发现,相对于母语者,二语者阅读时所激活的心理图像比母语者的激活程度要弱得多。因此,我们推断，语言水平是影响阅读加工时心理图像激活程度的重要因素，语言水平越高，则在阅读时所能激活的心理图像也越强。由于中级学习者语言水平较高，因此当他们学习具体词时，即使没有给他们呈现图片进行辅助，其大脑中也能较大程度地激活先前在长时记忆中所存储的有关该事物的心理图像。这使得在提供图文多模态释义和只提供文字单模态释义条件下中级学习者对具体词的学习效果差异并不明显。对于初级水平学习者，由于其阅读能力有限，因此在阅读加工时心理图像的激活程度较低，此时为其提供图片进行辅助，有助于他们进一步激活大脑中的心理图像，从而促进具体词的学习。

对于抽象词，无论是初级学习者还是中级学习者，在图文多模态释义条件下的学习成绩均好于文字单模态条件下的学习成绩。这是由于与具体词相比，抽象词所能自动激活的心理图像要弱得多（Paivio，2007；Shen，2010），因此，即使是中级学习者，也同样需要借助图片的辅助才能唤起相关的心理图像，进而促进语义概念的加工。那么，抽象词是如何与图片建立起指称关系（referential connection）的呢？与具体词不同，抽象词无法直接用具体事物的图像表示，因此在以往的教学中，抽象词的教学较少使用图片，往往是通过给出母语翻译词或句子语境进行教学。而事实上，图片可以用来辅助学习者理解抽象词的使用语境，从而促进抽象词本身的理解。例如教"步骤"一词时，可以通过完成某一事件的流程图（如做面包）来表示一系列的程序，并配上例句："按照这些步骤做，你就能做出好吃的面包。"又如教"负担"一词时，可以配上这样一幅图片：图中一位中年男子背着特别大的包袱，同时在包袱上面写上"工作、家庭"等词，并展示例句："妈妈生病不能工作，所以爸爸的负担很重。"学习者通过句子语境和相应的图片能够易化对"步骤""负担"这类抽象词的理解，促进抽象词的学习。

最后，我们注意到，本研究的结果与 Shen（2010）有所差异。Shen（2010）的研究结果表明，对于初级汉语二语者，图文多模态释义仅在抽象词语的学习上具有优势，在具体词的学习效果上则图文多模态释义和文字单模态释义没有显著差异。我们认为造成这一差异与具体实验操作中教学处理方式不同有很大关系。在 Shen（2010）的实验中，被试不仅接受了图文多模态或文字单模态释义，而且随后还接受了大量的师生互动和生生互动操练，因此最后的词汇学习效果应是释义和教学操练的综合影响。由于在互动操练过程中加入了许多语境的因素，这使得学习者即使在释义阶段没有得到图片辅助，也可能在操练环节自动激活具体词的心理图像，从而掩盖了图文多模态释义在具体词学习过程中的优势。本研究在教学处理阶段并没有加入任何教学操练，对于语言水平有限的初级学习者，光靠文字释义还不足以激活词语清晰的心理图像，此时图文多模态释义则起到了关键作用。

4.7 本章小结

本章以泰语为母语的初、中级汉语二语学习者为被试，通过实证研究的方法考察了图文多模态释义对不同类别词汇学习的影响。结果发现：对于初级水平学习者，无论是对于具体词还是抽象词，提供图文多模态释义的学习效果要显著好于只提供文字单模态释义的学习效果。对于中级水平学习者，提供图文多模态释义的优势只体现在抽象词语的理解方面；在具体词的学习中，提供图文多模态释义和只提供文字单模态释义的学习效果（包括词义理解和产出）没有显著差异。以上结果表明，整体而言，图文多模态释义有助于提高汉语二语者的词汇学习效率，这种促学优势在初级水平阶段体现得更明显。这一结果对今后的汉语二语教学有一定的启示作用。

首先，在初级阶段学习新生词时应尽量采用图文多模态释义。因为这一阶段学习者语言基础较弱，同时记住生词的形、音、义具有较高的学习难度，如有图片加以辅助，可以帮助学习者在词形和事物概念之间直接建立联系，避免仅靠母语翻译词带来的不必要的母语负迁移。同时，通过图文多模态释义也有助于言语信息和非言语信息双重整合，加强记忆的深度。

其次，应重视图片在抽象词学习中的辅助作用。在以往的教学中，教师较少关注如何在抽象词的教学中使用图片。本实验结果表明，图片对提高抽象词的学习效率起到了积极的促进作用。虽然图片本身难以表达抽象词的词义，但当图片和例句语境相结合时，则能够辅助传达抽象词语的意义，促进学习者对抽象词语语义的理解和记忆。

本章虽然证明了图文多模态释义相较于文字单模态释义而言更有助于汉语二语词汇的学习。但仍有一些问题值得进一步探讨。例如，在图文多模态条件下，图片和文字如何结合才能达到更好的教学效果？在第5章中，我们将进一步比较显性编码和快速映射两种不同的图文多模态学习方式对汉语二语词汇学习效果的影响。

第 5 章　不同的图片呈现方式对汉语二语词汇学习的影响

5.1　引　言

在上一章中，我们比较了图文多模态释义和文字单模态释义对汉语二语词汇学习的影响，研究结果表明，整体而言，图片对于初、中级汉语二语学习者的词汇学习具有积极促进作用。本章我们将继续探讨不同的图片呈现方式如何影响汉语二语词汇学习效率。具体而言，我们将比较显性编码（explicit encoding）和快速映射（fast mapping）两类不同类型的图片呈现方式的学习效果。

显性编码学习是指学习者通过看图记词、背诵生词表等显性方式进行词汇学习，它是二语词汇学习中常见的一种学习方式。在这一过程中，学习者明确知道自己正在学习新的词汇知识。快速映射学习则是指学习者在语境中接触新词，并通过检索和排除已知词汇来推测并确定新词意义的过程（Horst, et al., 2011; Mather & Plunkett, 2012; Coutanche & Thompson-Schill, 2015）。当我们观察一语儿童词汇学习的过程时，会发现儿童除了利用显性编码学习外，还常常通过快速映射的方式进行学习（Carey & Bartlett, 1978）。假设这样一种情景，母亲让孩子从水果篮里拿一串葡萄交给她。水果篮里放着苹果、香蕉、葡萄等水果，如果孩子已经认识苹果、香蕉，则能一一进行排除并推断出哪种水果是葡萄，从而在这一情景任务中学会"葡萄"一词。换言之，通过语境排除已知词语而获得新的词汇知识是幼儿词汇习得的重要方式（Bloom & Markson, 1998; Rohde & Tiefenthal, 2010）。不少研究实验证明快速映射在儿童早期词汇迸发（word spurt）中起着关键性作用（Houston-Price, et al., 2005; 陈永香 等, 2009）。Spiegel 和 Halberda（2011）发现，2 岁大的儿童通过一次快速映射学习就能学会一个新词。虽然快速映射最初是针对儿童习得词汇提出来的，但也有相关研究表明，快速映射不仅在儿童的词汇习得过程中不可或缺，在成人心理词典的拓展过程中也发挥着重要作用（Gupta，2003）。

目前神经生理学研究表明，当人们进行显性编码学习时，新信息的习得与巩固是通过海马体（hippocampus）和新皮质层（neocortex）的交互作用完成的。新信息首先必须在海马体进行快速编码，之后需要经过一定的时间（如一夜的睡眠）才逐渐被整合到大脑新皮质层的长时记忆系统中（McClelland, et al., 1995; Tamminen & Gaskell, 2013）。近期的一些研究（如 Sharon, et al., 2011）却发现，一些患有海马体损伤的病人通过显性编码的方式学习新词的效果非常差，却依然能够通过快速映射的方式较好地学习新词。这表明显性编码和快速映射两种学习方式可能存在不同的认知加工机制，通过快速映射学习的新知识可能降低了对海马体加工的依赖程度，直接被整合到了新皮质层的记忆网络中。由于快速映射可能绕过海马体而直接进入记忆网络，可能会加快新词在语义网络中的整合速度。Coutanche 和 Thompson-Schill（2014）的研究证实了这一点。他们让成年的英语母语者通过快速映射学习一些超低频英语词，结果发现，学习者在学习新词后的较短时间内就能产生词汇竞争和语义启动，一般的显性编码学习达到这一效果则通常需要较长时间。这进一步证明快速映射可能有助于加快新信息整合进原有的记忆网络。

快速映射在一语词汇学习中的独特作用为二语词汇学习提供了新思路。但一语和二语词汇学习存在重要的区别。对一语词汇学习而言，事物概念与指称该事物概念的词语符号是首次建立心理联结。对二语词汇学习而言，事物概念在心理词典中已与母语词建立起联系，因此学习者需要将事物概念与目标语的语言符号形式重新进行黏合；当二语词的语义范围与母语对应词不完全重合时，还涉及对母语概念进行重构。因此，在二语学习中快速映射是否能够像在一语学习中那样发挥作用仍值得探讨。此外，已有研究显示，虽然快速映射在促进心理词汇网络整合方面优于显性编码，但在陈述性记忆方面（如词汇的自由回忆、再认）却不见得优于显性编码（Coutanche & Thompson-Schill, 2014; Merhav, et al., 2015）。那么，如果在二语词汇教学中综合运用两种方式，是否能取得更佳的学习效果？我们在本章中将对以上问题进行探讨。

5.2 研究方法

5.2.1 研究问题

本章旨在考察显性编码和快速映射两种不同的词汇学习方式对二语学习者词汇学习的影响。具体来说，我们拟回答以下问题：显性编码和快速映射对二语词汇陈述性记忆和语义网络整合是否会有不同的影响？将显性编码和快速映射相结合的词汇学习效果是否优于单独采用其中一种学习方式的效果？

5.2.2 研究设计

本实验为3（学习方式）×2（测试时间）的两因素混合实验设计。其中，学习方式为组间变量，分为显性编码、快速映射、显性编码+快速映射三个水平；测试时间为组内变量，分为即时测、延后测两个水平。因变量为三个词汇任务的表现：词汇自由回忆（recall）的成绩，词汇判断任务（lexicon decision）的反应时及正确率，语义启动（semantic priming）的启动量。

5.2.3 被试

中国南方某高校的60名中级汉语水平的留学生参加了实验。所有被试的年龄均在18~23岁之间，且视力或矫正视力正常、无色盲。60名被试被分为三组，每组20名。各组被试的母语背景构成基本一致，汉字文化圈（日、韩、越）学生与非汉字文化圈学生的比例约为1∶3。为了保证三组被试的汉语水平一致，实验前我们进行了一项汉语水平测试，结果显示，三组被试的汉语水平没有显著性差异，$F(2, 59) = 0.256$，$p = 0.775$；采用LSD方法进行事后多重比较[①]结果显示，三组被试的语言水平两两之间均不存在显著差异（$p>0.05$）。三组被试分别接受显性编码、快速映射和显性编码+快速映射三种学习方式中的一种。

5.2.4 实验材料

从《现代汉语分类词典》（苏新春，2013）中选取25个双音节具体事

[①] 本章至第10章均采用LSD方法进行事后多重比较，不再一一注明。

物名词作为备选材料。选取条件为：①使用频率较低，被试可能没有接触过的词（如"马甲、水母"）；②被试学过与其同属某个语义范畴类别的2～3个词，并且学过的同类词与该词没有相同的语素（如"马甲"未学过，但学过"衬衫、毛衣"）。将25个备选词与对应的同类词做成一份词表，请20名与被试水平相当，但不参与本次实验的汉语二语学习者从中勾选出自己不认识的词语，根据勾选结果，最后选取20个目标生词和40个对应的同类熟词（每个目标词对应2个同类熟词）作为实验用词。

通过网络图片库选取20个目标生词和40个同类熟词的典型图片，并请45名汉语母语者对图片和词语的匹配度进行李克特五级量表的评分。评分结果表明，20个目标生词的平均词图匹配得分为4.76分，40个同类熟词平均词图匹配得分为4.79分，表明图片均能够很好地表示所指称的事物。

5.2.5 实验程序

通过 E-Prime 2.0 编制和呈现刺激（图片和文字）材料。刺激（图片和文字）呈现在屏幕的正中央，字体为楷体，字号为36号，图片像素为500×500。实验全过程在安静的房间中进行，每个被试单独进行实验。实验时被试端坐在计算机前，并根据实验要求通过键盘按键完成实验任务（"F"键、"J"键事先分别贴上了"YES"和"NO"的标签）。每组的具体教学处理方式如下。

（1）显性编码组。该组被试通过实物图片学习目标生词。每张图片和词语呈现10秒。20个目标生词呈现完后进行下一轮展示。一共呈现四轮，每轮生词呈现顺序随机。如学习"松鼠"，展示实物图片+"松鼠"一词（图5.1）。

图5.1 显性编码组学习材料示例

（2）快速映射组。目标生词的实物图片和已学同类熟词的实物图片一起呈现（目标词和熟词图片出现在屏幕左侧或右侧的概率相等），屏幕下方同时呈现一个有区辨作用的问题,在问题中提及目标生词,被试通过键盘按键对问题做出"YES""NO"判断。每轮图片及问题呈现10 s,20个目标生词依次呈现完后进行下一轮呈现。材料一共呈现四轮,每轮生词呈现顺序随机。对于每个生词,每轮伴随出现的熟词图片或问题进行了更换。具体如图5.2所示。

图5.2 快速映射组学习材料示例

(3)显性编码+快速映射组。首先按照快速映射组的学习方式进行两轮呈现,然后按照显性编码组方式进行两轮呈现。即每个生词进行了四轮呈现,呈现总次数与前两组被试相同。具体如图5.3所示。

第三轮　　　　　　　　　　第四轮

图 5.3　快速映射+显性编码组学习材料示例

学习完毕后休息 10 min，随后进行三项词汇测试任务。

第一项：词汇自由回忆。该任务考查对目标词陈述性记忆情况。要求被试在无任何提示的情况下尽可能写下刚学的 20 个目标词，时间为 5 分钟。

第二项：词汇判断任务。该任务从词汇识别的角度反映陈述性记忆情况。我们通过 E-Prime 2.0 呈现刺激材料并记录反应数据。共呈现 80 个词语项目，其中 20 个为新学习的生词，20 个为被试过去已学习过的熟词（均为名词），40 个为生造假词。80 个词语随机呈现。每个试次（trial）中，首先在屏幕中央呈现 700 ms 的注视点"+"，然后快速呈现目标词并停留在目标词上，要求被试尽可能快速并准确地判断目标词是否是一个真词，是真词按"YES"键，是假词按"NO"键。每一试次和下一试次之间有 1 s 的空屏。正式测试之前，有 10 个练习试次供被试熟悉任务，练习试次不计入数据统计。

第三项：语义启动范式下的词汇判断任务。该任务考查被试是否能够将新学的生词整合到心理词典的语义网络当中。如果新词被整合到了原有的语义网络中，则当用新学习的词语作为启动词时，会促进语义相关词语的通达，产生语义启动效应。我们通过 E-Prime 2.0 呈现刺激材料和记录反应数据。刺激材料包括 80 对启动—目标词对。其中，20 对是以刚学的生词为启动项，熟词为目标项的关键词对，分为两组：一组 10 个新词为启动项，目标项为与新词语义相关的熟词（如"松鼠—老虎"）；另一组 10 个新词为启动项，目标项为与新词语义不相关的熟词（如"骆驼—电梯"）。10 对语义相关词对和 10 对语义无关词对的语义相关度通过李克特五级量表进行评分，结果表明两类词对语义相关度平均得分分别为 4.39 和 1.11，二者在语义相关度上有显著差异［$t_{(18)}$ = 53.746, $p<0.001$］。同时，语义相关组和无关组的启动词项、目标词项分别在词频、音节数、笔画数、语义透

明度上均无显著差异。20 对真词词对的启动项和目标项均为被试过去学过的熟词（如"生日—邮局"）。另外，填充 40 对启动项为真、目标项为假的词对作为填充项（如"朋友—话奇"），使之与真词词对随机混合，形成真假词判断任务。

每个试次中，首先呈现 700 ms 的注视点"+"，然后快速呈现 600 ms 的启动词，之后呈现 100 ms 的空屏，最后呈现目标词并停留在目标词上，要求被试尽可能快速并准确地判断目标词的真假，是真词按"YES"键，是假词按"NO"键。之后进入下一试次，每一试次和下一试次之间有 1 s 的空屏。正式任务前有 10 个额外的试次供被试进行练习。具体任务流程如图 5.4 所示。

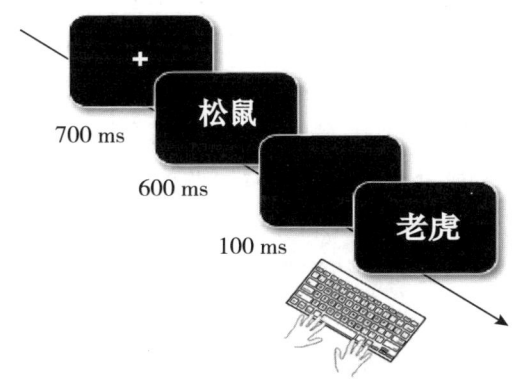

图 5.4 语义启动范式下的词汇判断任务流程

为了考察被试对目标词的保持程度，24 小时后，被试再次完成以上三项词汇测试任务，任务内容、方法与即时测试一致。

5.3 实验结果

词汇自由回忆成绩和词汇判断的反应时及正确率主要反映被试的词汇陈述性记忆情况，语义启动任务的启动量则反映的是语义整合的程度。下面我们分别报告三项任务的结果，以考察显性编码和快速映射分别在词汇学习的哪些方面具有优势，同时考察将二者结合起来是否更有助于词汇学习。

5.3.1 词汇自由回忆

被试写出一个目标词记 1 分，满分为 20 分。三组被试得分均值及标准差如表 5.1 所示。

表 5.1　词汇自由回忆各组得分均值及标准差

组别	即时测	延时测
显性编码	10.20（3.96）	10.10（4.76）
快速映射	8.00（2.64）	9.40（2.51）
快速映射+显性编码	9.55（2.56）	10.20（3.27）

说明：括号外为均值，括号内为标准差（SD）。表 5.2～表 5.4 同此。

对词汇自由回忆成绩进行方差分析。结果表明：学习条件的主效应不显著，$F(2,57) = 1.12$，$p = 0.334$；测试时间的主效应显著，$F(1,57) = 7.40$，$p < 0.01$；学习条件与测试时间的交互效应显著，$F(2,57) = 3.29$，$p = 0.045$，因此进一步进行简单效应分析（simple effect analysis）。对测试时间条件进行事后两两配对比较，结果显示：在即时测中，显性编码组的成绩显著好于快速映射组（$p = 0.047$），显性编码组和快速映射+显性编码组、快速映射+显性编码组和快速映射组的成绩均无显著差异（$p > 0.1$）；在延时测中，三者之间均无显著差异。这表明显性编码学习比快速映射学习更有助于词汇的陈述性记忆，且这种优势主要体现在即时测试阶段。此外，通过快速映射+显性编码学习后的词汇回忆成绩虽未显著好于快速映射学习后的成绩，但仍在一定程度上提高了词汇的陈述性记忆水平。

5.3.2　词汇判断任务

数据预处理过程中，首先剔除整体任务完成正确率低于 75% 的 5 名被试数据，余下的 55 名被试的数据进入最后的数据分析。

首先分析被试的反应时数据。剔除超过正负 2.5 个标准差的极端反应时试次（数据剔除率小于 5%）和错误反应的试次后，各学习方式下的反应时均值及标准差如表 5.2 所示。

表 5.2　词汇判断任务各组反应时均值及标准差

组别	即时测	延时测
显性编码	1217.42（280.51）	1036.43（220.24）

（续表）

组别	即时测	延时测
快速映射	1562.39（263.05）	1278.47（330.70）
快速映射+显性编码	1213.17（280.45）	1061.88（241.06）

对反应时数据进行3（学习方式）×2（测试时间）两因素混合设计的方差分析。结果显示，学习方式的主效应显著，$F(2, 52) = 6.28$，$p<0.01$。事后多重比较结果显示：显性编码组反应时间显著快于快速映射组，$p<0.01$；快速映射+显性编码组反应时间也显著快于快速映射组，$p<0.01$；显性编码组和快速映射+显性编码组的反应时间则没有显著差异，$p>0.1$。测试时间的主效应显著，$F(1, 52) = 32.62$，$p<0.001$，延后测反应时间显著快于即时测时间；学习方式与测试时间的交互效应不显著，$F(2, 52) = 1.21$，$p>0.1$。这表明三种学习方式对反应时的影响不会随着测试时间的不同而发生显著变化。

接着，我们对正确率的结果进行分析。各学习方式下的反应正确率均值及标准差如表5.3所示。

表5.3　词汇判断任务各组反应正确率均值及标准差

组别	即时测	延时测
显性编码	0.97（0.06）	0.96（0.05）
快速映射	0.90（0.11）	0.93（0.09）
快速映射+显性编码	0.97（0.04）	0.96（0.05）

对正确率数据同样进行3（学习方式）×2（测试时间）两因素混合设计的方差分析。结果显示，学习方式的主效应显著，$F(2, 52) = 3.79$，$p = 0.029$。事后多重比较结果显示，显性编码组正确率显著高于快速映射组，$p = 0.018$；快速映射+显性编码组正确率也显著高于快速映射组，$p = 0.022$；显性编码组和快速映射+显性编码组的正确率则无显著差异，$p>0.1$。测试时间的主效应不显著，$F(1, 52) = 0.35$，$p>0.1$，即时测与延后测正确率没有显著差异；学习方式与测试时间的交互效应也不显著，$F(2, 52) = 1.01$，$p>0.1$。这表明三种学习方式对正确率的影响也不会随着测试时间的不同而发生显著变化。

从以上结果可以看出，在词汇判断任务中，反应时和准确率并没有出现权衡（trade-off）效应。无论是反应时还是准确率指标都表明，相较于快速映射学习，经过显性编码学习的被试能更快、更准确地通达目标词，即具有更好的陈述性记忆。此外，将快速映射与显性编码结合起来的学习方式有助于弥补快速映射学习条件下词汇通达速度和准确率的不足。

5.3.3 语义启动任务

数据预处理过程中同样先剔除了任务完成平均正确率低于75%的被试，剩余46名被试数据进入最后的数据分析。将超过正负2.5个标准差的极端反应时试次（数据剔除率小于5%）和错误反应的试次删去后，各实验组在语义相关和语义无关启动条件下的反应时均值、标准差以及启动量（语义无关启动减去语义相关启动的差值）分别如表5.4和图5.5所示。

表5.4 各组语义相关、语义无关启动的反应时均值、标准差及启动量

单位：ms

项目	即时测			延后测		
	相关	无关	启动量	相关	无关	启动量
显性编码	928（213）	931（237）	3（95）	856（212）	805（157）	−51（110）
快速映射	935（205）	1038（225）	103（108）	856（181）	886（243）	30（171）
快速映射+显性编码	827（151）	907（192）	80（91）	780（121）	806（145）	26（85）

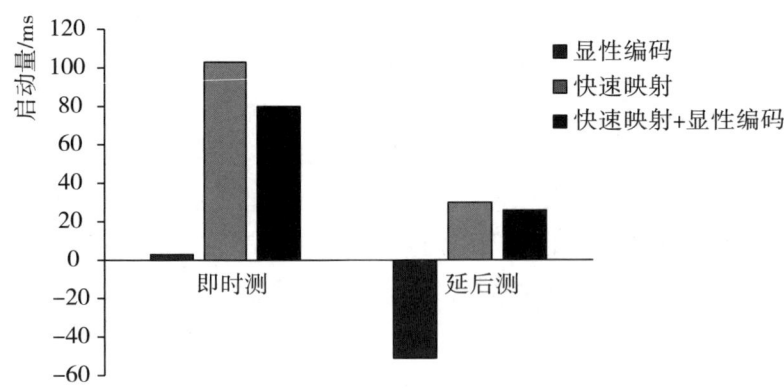

图5.5 语义启动任务中各组启动量比较

对反应时数据进行3（学习方式）×2（启动类型）×2（测试时间）三因素混合设计的方差分析。结果表明，启动类型的主效应显著，$F(1,$

43)＝4.92，p＝0.032；且学习方式与启动类型的交互效应显著，$F(2, 43)$＝3.77，p＝0.031。我们进一步分析启动类型在不同学习条件下的简单主效应。结果表明，在快速映射条件下，相关启动的反应时显著地短于无关启动，p＝0.05；在快速映射+显性编码、显性编码学习条件下，相关启动与无关启动的反应时均没有显著差异，p＞0.1。

为了更清楚地比较不同学习条件下语义启动效应的大小，我们将各组别无关启动试次反应时间均值减去相关启动试次反应时间均值，构成启动量的指标进行比较（图5.5）。对启动量进行3（学习方式）×2（测试时间）两因素混合设计的方差分析。结果显示，学习方式的主效应显著，$F(2, 43)$＝3.77，p＝0.031。事后多重比较表明，快速映射组启动量显著大于显性编码组，p＝0.015；快速映射+显性编码组启动量也显著大于显性编码组，p＝0.034；快速映射组和快速映射+显性编码组的启动量则没有显著差异。测试时间的主效应显著，$F(1, 43)$＝12.85，p＜0.001，延后测的启动量显著小于即时测；测试时间与学习方式的交互效应不显著，$F(2, 43)$＝0.15，p＞0.1。这说明学习方式对启动量的影响并未随测试时间点变化而发生显著改变。

由于启动效应的大小可以反映语义整合的水平，从以上结果可以看出，快速映射学习比显性编码学习更有助于促进新学词汇的语义整合到相应的词汇语义网络当中。同时，快速映射+显性编码学习条件下的语义启动量显著大于显性编码学习条件下的语义启动量，这表明二者混合的学习方式能够弥补单纯显性编码学习在语义整合方面的不足。

5.4 分析与讨论

本章通过一个离线（off-line）任务（词汇自由回忆）和两个在线（on-line）任务（词汇判断和语义启动）考察显性编码、快速映射和快速映射+显性编码三种词汇学习方式对汉语二语学习者词汇学习质量的影响。实验结果整体表明，显性编码和快速映射两种学习方式对二语词汇陈述性记忆和词汇语义整合有着不同的影响，将两种学习方式相结合有助于发挥二者的优势，使二语词汇学习达到更优的效果。下面对此进行详细讨论。

5.4.1 显性编码和快速映射对二语词汇陈述性记忆的影响

离线的自由回忆成绩和在线的词汇判断成绩可以用来反映学习者词汇陈述性记忆水平。在自由回忆任务中，即时测试时显性编码组比快速映射组的被试回忆出了更多的目标词，二者成绩差异达到显著水平。同样，在词汇判断任务中，无论是反应时还是准确率指标都表明，相较于快速映射学习，经过显性编码学习的被试能更快、更准确地通达目标词。这两项任务的测试结果都说明显性编码学习对二语词汇的陈述性记忆的帮助大于快速映射学习。Coutanche 和 Thompson-Schill（2014）对一语词汇学习的考察结果也发现，显性编码比快速映射更有利于提高目标词的陈述性记忆水平。那么，为何显性编码和快速映射学习会对词汇陈述性记忆产生显著性差异？Merhav 等（2015）从认知神经机制的角度进行了探讨。他们通过 fMRI 技术比较了通过显性编码和快速映射方式进行词汇学习后，学习者在提取回忆目标词时大脑的激活情况，结果发现两种学习方式所涉及的神经通路具有很大的差异。在进行显性编码学习后对词汇进行提取激活的主要是海马体和腹内侧前额叶皮层（ventromedial prefrontal cortex，vmPFC），并且，随着学习时间的延长，腹内侧前额叶皮层的激活程度提高。快速映射学习则更多地激活了前颞叶（anterior temporal lobe，ATL）区的相关皮层。换言之，大脑对显性编码信息的加工存储一般分为两个阶段，第一阶段主要通过海马体短暂存储陈述性记忆信息，随后这些信息才逐渐转移到新皮质层的长期记忆系统中，并与之前所存储的信息进行整合，将信息纳入记忆网络之中（McClelland, et al., 1995; McGaugh, 2000; Winocur, et al., 2010; Antony, et al., 2017）；快速映射学习的过程则可能绕过海马体而使新信息快速进入新皮质层进行加工整合（Coutanche & Thompson-Schill, 2014; Merhav, et al., 2015）。不过，也有研究指出，如果海马体损伤的面积过大，学习者通过快速映射学习的质量也会大大降低（Smith, et al., 2014; Warren & Duff, 2014），可见海马体在快速映射中可能仍发挥着一定作用。由于海马体主要负责信息的短期记忆表征（Sharon, et al., 2011），快速映射学习中利用海马体进行信息加工的程度远不如在显性学习中利用海马体进行信息加工的程度高，这导致快速映射学习在陈述性记忆加工方面劣于显性编码学习。

此外，值得注意的是，无论是接受了显性编码学习还是快速映射学习的被试，第二天测试时自由回忆成绩和词汇判断的速度均有不同程度的提高。这可能与两种记忆的促进机制有关。一是前一天自由回忆等测试任务中对目标词的反复提取也对词汇陈述性记忆起到巩固作用（Antony，et al.，2017）。二是睡眠对记忆的促进。陈述性记忆痕迹一般容易消退和遗忘，睡眠能够对新获得的信息进行系统的巩固，从而有效抵御遗忘，甚至提高记忆水平。睡眠对陈述性记忆的巩固被认为是依赖一个系统巩固的加工，包括海马旁回中最初不稳定的记忆痕迹的再激活，以及不稳定记忆痕迹从海马体转移到新皮质层进行长期存储（Alger，et al.，2014；辛斐、袁宏，2015）。因此，在经过睡眠后，两种学习方式的陈述性记忆都得到了不同程度的巩固。

5.4.2 显性编码和快速映射对词汇语义整合的影响

如前所述，通过快速映射进行词汇学习，其信息加工存储的过程可能不完全依赖海马体而直接在新皮质层的前颞叶区进行加工整合。由于该区域正好是大脑存储表征语义知识的中枢（Ralph，et al.，2012），可以预期，相较于显性编码学习，快速映射的学习方式应该能够更快、更好地促进学习者将新学词语整合进心理词典已有的语义网络中。本研究在第三个任务（即语义启动范式下的词汇判断）中发现，快速映射组的语义启动量要显著大于显性编码组，这一结果证实了以上假设。根据经典的激活扩散模型（Collins & Loftus，1975；Bock & Levelt，1994），大脑中的心理词典中词语概念层是一个通过语义相关性相互联结起来的网络，一个语义节点的激活会扩散到与之语义相关的其他节点。因此，当两个词在心理词典中建立起语义联系后，先呈现的词语（启动词）则会对后呈现的词语（目标词）起到预激活作用，从而促进目标词的通达速度，即产生启动效应；相反，如两个词之间没有在心理词典中建立起语义关联，则无法产生启动作用。通过比较启动量（相关启动和无关启动的反应时的差值）的大小，可以衡量词语在心理词典中语义整合的程度。具体到本实验中，如果通过快速映射学习能够促进新词整合到原有的语义网络中，则会更快地与心理词典中已有的相关概念产生联结。因此，当用新学词语作为启动词去启动相关熟词时（如用新学习的动物词"松鼠"启动熟悉的动物词"老虎"），会更早地出现启动效应，启动量也会更大。实验结果确实发现，快速映射组的被试在学习结束后的即时测试中就产生了启动效应，且启动量显著大于显性编码组的被试；相反，在显性编码组的被试中则没有观测到启动效应。由此可以推断快速映射学习在促进词汇语义整合方面优于显性编码学习。

这一结果呼应了 Coutanche 和 Thompson-Schill（2014）在一语方面的研究结果，表明快速映射的学习方式不仅有利于促进一语词汇学习的语义整合，也有助于促进二语词汇学习时的语义整合。我们认为，这可能是因为快速映射组在学习目标词时，同时呈现的已知同类词图片能够帮助学习者建立起目标词和已知同类概念的联系，使之在心理词典的语义网络中找到对应的位置，从而促进了新词与已有语义系统的整合。例如，当学习者通过快速映射学习"松鼠"时，学习者需要通过提取在屏幕上一同呈现的"兔子"这一概念，并经过推理和排除该已知概念来确定"松鼠"的指称。这个过程不仅激活了"兔子"的概念，同时还可能不同程度地激活了与之相关的其他动物，使得"松鼠"这一目标词被"锚定"在"动物"这一语义网络当中，从而促进其更快地整合到相关语义记忆中。显性编码组由于缺乏同类概念图片的辅助激活，新概念需要到记忆加工后期转移到新皮质层的过程中才能被逐渐整合进已有的语义网络。这一过程往往需要较长的时间，故无法在学习后的即时测和一天后的延时测中观察到明显的语义启动效应。

5.4.3　快速映射与显性编码结合对词汇学习的促进作用

既然显性编码和快速映射两种学习方式在词汇学习的不同方面各具优势，那么将两种方式相结合是否能够汲取二者所长从而达到更好的学习效果？我们的实验结果证实了这一点。从陈述性记忆角度看，在词汇判断任务中，快速映射+显性编码组的被试无论在反应时还是正确率成绩上都显著优于快速映射组，与显性编码组的成绩则没有显著差异；在自由回忆任务中，快速映射+显性编码的学习组对目标词的回忆成绩也要好于快速映射组的成绩。可见，总体而言，快速映射+显性编码相结合的学习方式能够弥补快速映射学习在词汇陈述性记忆方面的劣势。从语义整合的角度看，在语义启动任务中，快速映射+显性编码组的语义启动量显著大于显性编码组的启动量，说明二者结合的学习方式弥补了显性编码学习在语义整合方面的不足。二者相互结合的学习方式之所以能够取得更好的词汇学习效果，与学习时使用了两种不同的神经通路不无关系。显性编码学习主要利用了海马体—腹内侧前额叶皮层通路，快速映射学习则主要利用了前颞叶相关的神经网络（Merhav, et al., 2015）。来自不同类型脑损伤病人的研究证据进一步证明了这两种学习方式涉及不同的脑神经机制。例如，有研究发现，因海马体损伤而导致失忆的病人虽然无法通过显性编码的方式学习新词，但却可以通过快速映射的方式学会，并且在一周后的延后测中依然能保持一定的学习效果；相反，前颞叶区受损的病人却几乎无法通过快速映射的方式学会新词（Sharon, et al., 2011）。由此可见，两种学习方式涉及的脑区及加工方式确实不同。当我们采取两种方式一起学习时，意味着调用了"双神经通路"，二者能够起到互补促进的作用。虽然通过快速映射学习的方式能使得新信息直接整合进原有的语义网络系统，但由于相关语义网络中的各个概念的语义特征存在不同程度的重叠，原有的语义概念可能会对新学习词语的精确语义表征产生一定的干扰；显性编码学习最初是在海马体中进行加工，语义表征受原有语义网络的干扰程度较小，因此有助于对新词语义进行快速准确的表征，弥补快速映射学习的不足。可见，将二者相结合是可行的学习方式，能够使二语学习者在陈述性记忆和语义整合两方面都获得较好的学习效果。

5.5 本章小结

本章比较了显性编码和快速映射两种图片呈现方式对汉语二语词汇学习的影响，研究结果表明：①显性编码学习更有助于提高学习者对词汇的陈述性记忆，快速映射学习则在促进词汇语义整合方面更具优势。这主要是由于两种学习方式所涉及的神经机制不同：前者主要依赖海马体—腹内侧前额叶皮层通路，语义整合是一个缓慢渐进的过程；后者则直接利用了前颞叶相关的神经网络系统进行语义整合，因此能够快速进行语义整合。②将两种不同的学习方法相互结合（即快速映射+显性编码）能够兼顾二者的优点，使新词词义得到准确表征，同时迅速完成语义整合过程，提高了汉语二语词汇学习的效率。

以上研究结果对二语词汇教学具有启发意义。我们认为在采用图片进行词汇辅助教学时，不仅可以采取显性编码的形式学习，还可将快速映射的学习方式有机融入教学处理中。这不仅能避免单一枯燥的学习方式给学习带来的负面影响，更重要的是通过让学习者在与已知词语概念的对比和排除中学习目标新词，能促使目标新词更快、更好地整合到心理词典的语义网络之中。这一点对于儿童二语词汇教学可能尤为重要。由于儿童大脑的海马体系统尚未完全发育成熟（Bauer，2008），显性编码学习的效果可能不如成人，快速映射学习对于促进儿童二语词汇习得具有更积极的意义。

第6章 视觉单模态和视听多模态输入对汉语二语句法学习的影响

6.1 引言

在前两章中,我们主要关注图文两种不同符号模态输入对汉语二语词汇学习的影响。从感觉通道的角度看,无论是图片还是文字,都仍属于视觉模态的范畴。从本章开始,我们将关注不同感觉通道信息输入对汉语二语学习的影响。在本章中,我们首先考察视觉单模态输入和视听多模态输入对汉语二语句法结构学习的影响。

语言输入对二语学习具有重要的影响。如何通过有效途径提高二语输入效率进而提升二语学习质量是近些年来研究者讨论的焦点之一。一些研究者从注意的角度出发,提出通过输入强化(input enhancement)的手段,如输入流(input flood)和文本增显(textual enhancement)(Lee & Benati, 2007)来提高输入质量。输入流通过人工干预,刻意提高输入文本中目标结构的频率;文本增显则通过加黑、斜体或加下划线等排印方式,使输入材料中的目标语言形式在视觉上得到凸显。两种手段的目的都在于引起学习者对目标结构的注意,进而促进习得。

除了通过输入强化提升注意外,还有学者提出通过多模态输入来改善输入质量(顾曰国,2007)。输入模态是指学习者在信息加工过程中所使用的信息加工通道,如听觉通道、视觉通道等(Penney, 1989)。Penney (1989)、Moreno 和 Mayer (1999)、Baddeley (2003) 等认为,由于不同通道的信息处理是相互独立的,信息通过多模态呈现能扩大工作记忆的容量,促进学习。在二语习得领域,一些研究(如 Markham, 1999;朱建斌、张双华,2014)确实发现视听多模态输入比听觉单模态输入效果好;但对视听输入和视觉输入的学习效果的比较则得到相反结论,大多研究显示视听输入的效果不如单纯视觉输入（如 Diao & Sweller，2007；顾琦一、臧传云，2011）。不过，这些研究大多考察的是多模态输入对二语阅读理解或词汇学习的影响，而输入模态对二语句法结构学习会产生怎样的影响仍缺乏充足的实验证据。

基于以上背景，本章拟通过汉语二语者对"把"字结构的学习考察验证输入模态对汉语二语句法结构学习的影响。之所以选择"把"字句作为研究对象，主要是由于"把"字句是汉语二语者学习中普遍存在的难点。虽然研究者对"把"字句的习得进行了大量研究（如 Wen，2012；黄月圆、杨素英，2004；李英、邓小宁，2005；张宝林，2010），也提出了不少教学策略与建议（刘颂浩、汪燕，2003；田靓，2012），但却鲜有研究聚焦于句式的输入模态对学习的影响。具体而言，我们希望回答视听多模态输入是否比视觉单模态输入更有助于"把"字句的习得这一问题。我们希望通过该研究探讨不同输入模态对汉语二语句法结构习得的影响，以期对二语句法结构的教学有所裨益。

6.2　研究方法

6.2.1　被试

被试为南方某高校 51 名中级汉语水平的二语学习者。他们均通过学校组织的入学分班考试进入中级班学习。实验时，被试被随机分配到两个不同的教学实验组：A 组为视觉单模态组（简称视觉组），B 组为视听多模态组（简称视听组）。由于实验中部分被试因故未完整参与整个教学处理过程或未参加延后测，最终进入统计的被试为 43 名。其中，视觉组 22 人（汉字文化圈 3 人，非汉字文化圈 19 人），视听组 21 人（汉字文化圈 7 人，非汉字文化圈 14 人）。

6.2.2　实验材料

实验目标句型为《汉语水平等级标准与语法等级大纲》初级阶段要求掌握的两类"把"字结构："S+把+NP1+V+到/给/在/向+NP2"（结构一）和"S+把+NP+V+结果补语"（结构二）。被试在初级阶段均已正式学习过这两类结构。现将这两个目标结构嵌入两篇各 500 字左右的叙事语篇（附录2）。两篇文章都包含丰富的位移情景（布置房间或宿舍）和结果实现情景（活动、游戏结果），分别是使用"把"字结构一、结构二的典型情景。

每篇文章均出现结构一、结构二各 6 句。两类结构均进行了输入增显处理，其中结构一用了加黑体增显，结构二用了波浪线加黑体增显。

为了实现可理解性输入，阅读材料所用的词语大多控制在《汉语水平词汇与汉字等级大纲》的甲级、乙级词范围内，个别非甲级、乙级词在文中标注拼音和英文翻译。每篇文章后设计了阅读理解题以考察学习者对材料的理解。

书面阅读材料用 A4 纸进行打印，字体为楷体，字号为小四，行距设置为 1.5 倍行距。此外，请一名普通话水平为一级乙等的女性母语者朗读录制两篇阅读材料并存为 WAV 格式音频文件。每篇材料朗读两遍，第一遍平均语速为 129 字/分钟，第二遍为 138 字/分钟。

6.2.3 测量工具和评分标准

测量工具为两套结构相同的"把"字句测试题，第一套用于前测和后测，第二套用于延后测。每套测试卷共 10 题，其中，考查结构一、结构二的各 5 题。题型包括根据情景和提示词用"把"字句造句（6 题），用"把"字句描述图画（4 题）。情景介绍和提示性词语也尽量控制在甲级、乙级词范围内，超出此范围的词语标出了英文注释。例如：

题型一：

（1）你不小心打破了教室的玻璃，老师走过来，问发生了什么事。你可能怎么说？

老师，对不起！我_____。

（2）你有一封信想请 A 交给 B，你怎么对 A 说？

请你_____。

题型二：

阿里的桌子上放着一本词典、一个蛋糕、一瓶水和一个钱包。可是他出去一会儿回来，发现东西不见了。东西都到哪里去了呢？请看图，用"把"字句回答。

哥哥_____。 妹妹_____。

评分标准如下：被试写出符合语境的目标结构则记为正确，汉字书写错误或出现与"把"字句结构无关的其他语法偏误（如量词误代等）不影响得分。但如出现与"把"字结构相关的偏误，如语序颠倒、结果补语错用、遗漏等，则视为错误。

6.2.4 实验程序

实验包括四个阶段：前测，教学处理，后测，延后测。

（1）前测阶段。前测要求被试在20分钟内完成。其目的在于测试被试对两类目标"把"字结构的掌握情况，也为后测、延后测的输出提供对比材料。

（2）教学处理阶段。视觉组被试需认真默读学习材料，并完成相应的理解练习题。每篇文章处理时间为25分钟（阅读15分钟，完成理解练习10分钟），共计50分钟。视听组被试则被要求先一边阅读材料一边听录音（每篇听2遍）。录音播放完毕后，被试仍可继续阅读文章，然后完成理解练习题。视听组每篇文章处理时间与视觉组相同，均为25分钟（先听读8分钟，后阅读7分钟，完成练习10分钟），两篇共计50分钟。

（3）后测阶段。教学处理完成后，立即对被试进行后测。在此之前，被试并不知道教学处理后有相应的测试。测试题与测试时间与前测一致。

（4）延后测阶段。延后测在两周以后进行，目的是考查被试的学习保持效果。延后测题型与前测、后测相同，但题目内容略有差异，以减少重复练习效应。

6.3 实验结果

分别统计视觉组和视听组被试在前测、后测和延后测阶段答题的正确率，结果如表6.1和图6.1所示。

表6.1 两组被试前测、后测及延后测正确率比较　　　　　单位：%

组别	前测	后测	延后测
视觉组	35.91（24.62）	55.90（20.85）	50.91（22.45）
视听组	35.24（26.39）	53.81（24.39）	44.76（24.00）

说明：括号内为标准差（SD）。

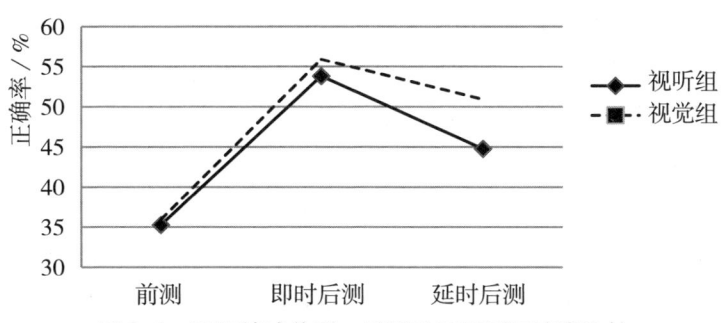

图 6.1　两组被试前测、后测及延后测正确率比较

采用重复测量方差对以上结果进行检验。由于数据不满足莫奇来球形检验（Mauchly's test of sphericity）假设，采用 Greenhouse-Geisser 方法进行校正，结果如下：

（1）不同测试时间点的成绩主效应显著，$F(1.648, 67.585) = 26.072$，$p<0.001$。这表明就整体而言，三个不同测试时间点的正确率差异显著。多重比较分析结果显示，后测、延后测的正确率均显著高于前测，$p<0.001$。后测和延后测的正确率比较也表明，二者差异同样达到显著水平，$p<0.05$，即延后测的正确率相较于后测有显著下降，但仍然显著高于前测。

（2）虽然视觉组后测和延后测的正确率都高于视听组，但是组别间的主效应不显著，$F(1, 41) = 0.205$，$p=0.653$。这表明整体而言，视听组和视觉组的正确率差异并不显著。

（3）测试时间和组别间的交互效应不显著，$F(1.648, 67.585) = 0.552$，$p=0.545$。这表明对于两个不同组别而言，不同测试时间点的正确率变化趋势无显著变化，即无论对于视听组还是视觉组，后测、延后测的正确率均显著高于前测，后测正确率又显著高于延后测。此外，交互效应不显著还表明组别间的正确率差异并未随着测试时间点的不同而发生明显变化，即在前测、后测和延后测中，两组被试的成绩差异均不显著。

以上结果表明，视听多模态输入并未进一步促进"把"字结构的习得；相反，起到了一定的干扰作用，但这种干扰效应在统计学上未达到显著水平。

6.4　分析与讨论

增加听觉输入模态是否能更进一步促进二语句法结构的习得？从实验结果来看，视听多模态输入条件下的"把"字结构学习效果并不比单模态视觉输入条件下的学习效果好。

关于多模态输入是否有助于促进学习一直存在不少争论。有的认为多模态输入对学习有积极效应。这种观点的重要理论基础是双通道加工理论（dual-channel theory）。该理论认为大脑工作记忆包括语音记忆和视觉空间记忆两个独立的子系统。因此，信息可以同时分别在视觉通道和听觉通道中进行独立加工，从而获得更高的加工质量（Penney，1989；Moreno & Mayer，1999；Baddeley，2003）。这通常被称为模态效应（modality effect）。一些实证研究结果支持了以上观点（如 Markham，1999；朱建斌、张双华，2014）。然而，也有不少研究者认为多模态输入并不一定总是起积极作用。如 Diao 和 Sweller（2007）发现，当同时以听觉和视觉两种方式进行输入时，二语学习者在阅读理解和词汇掌握两个方面的表现均不如单独以视觉文本输入时的表现。他们认为这是由于内容重复的语音和视觉文本增加了不必要的认知负荷。这种由冗余信息引起的阻碍称为冗余效应。

本实验发现，视听多模态输入在二语句法学习中也会产生类似的冗余效应。根据认知负荷理论，认知负荷可分为三类：内在认知负荷、外在认知负荷和相关认知负荷。内在认知负荷取决于学习内容本身的复杂程度以及学习者的先前知识。对于越复杂、越不熟悉的内容，加工时的内在认知负荷也越重。外在认知负荷又称为无效认知负担，它主要由不合理的教学设计与教学组织呈现方式引起。相关认知负荷又称为有效认知负荷，是指认知加工过程中用于促进知识图式构建和自动化的负荷。对于特定的学习内容，内在认知负荷是确定的，但外在认知负荷和相关认知负荷则可以通过教学处理和设计进行调控。通过激发学习动机、设计合理的任务等手段可以减少外在认知负荷，增加相关认知负荷，达到更高效的学习目的。

本实验中，"把"字句本身的句法语义结构较复杂，学习者先前的掌握情况也并不好，内在认知负荷较重。当视觉文本和听觉文本同时输入时，可能增加了不必要的外在认知负担。Kalyuga、Chandler 和 Sweller（2004）认为，当听觉和视觉输入的内容完全相同时，一种通道的信息加工并不需要依赖另一种通道的信息，因此对知识的构建和整合并没有意义，这类多模态的输入是冗余且低效的。本实验中，学习者通过视觉输入强化已能够对目标结构进行有意识的认知加工，增加听觉输入后，反而需要耗费额外的认知资源将语音信息和文字信息进行匹配，这种匹配加工与"把"字结构本身的学习并无关联，是外在的认知负荷而非有效的认知负荷，它挤占了学习者对目标结构的加工空间，因此可能产生负面影响。

一些研究对学习者主观感受的调查也证实了上述解释。如朱鑫（2013）通过问卷调查发现，视听组中72.92%的被试认为如果只提供视觉材料，他们的成绩会更好；43.75%的被试认为当听力材料和文本材料同时呈现时，他们感觉到两种信息之间相互干扰。Diao和Sweller（2007）让被试对视听模态输入和视觉模态输入的学习负担进行主观评分，结果也发现，视听组被试对学习负担的主观评分要显著高于视觉组被试的评分。以上两项被试主观报告从另一个侧面证实了同时接受视听多模态输入并非总是有利于二语学习。

本实验虽然发现在"把"字结构的学习中，多模态的视听输入效果不如单模态的视觉输入效果，但在统计学上却没有达到显著差异水平。这可能和实验设计本身有关。本实验中视听组每篇文章只有前8分钟为视听多模态输入，后7分钟仍为视觉单模态输入，这可能在一定程度上降低了多模态的冗余效应，使得视听组和视觉组的最终成绩差异不显著。以往大多实验（如Diao & Sweller，2007；顾琦一、臧传云，2011）视听组均为全程多模态输入，因此产生的冗余效应更强。

最后还需要指出的是，在二语学习中，并非所有的多模态输入都会导致冗余效应。我们注意到，有的研究发现视听多模态输入的学习效果优于听觉单模态输入（如Markham，1999；朱建斌、张双华，2014）。为何视听多模态劣于视觉单模态，但却优于听觉单模态？我们认为，这除了与不同实验所考察的语言要素不同有关外，还在于成人二语学习中阅读和听力两种技能的不平衡性。不少研究者指出，成人二语学习者听力技能的发展往往滞后于阅读技能（Hirai，1999；Wong，2001；戴劲，2007），这意味着对于成人二语学习者而言，视觉模态相较于听觉模态而言可能是优势模态。因此，当听觉输入遇到障碍时，提供视觉文本能够有效辅助听力通道的加工。此时分配部分认知资源搜索和匹配语音和词形是有意义的，它能帮助学习者通过词形线索确认语音信息，从而促进听力理解。相反，本实验中视觉模态本身是学习者的优势模态，且由于文本已控制了字词难度，学习者可能无需通过额外的语音信息辅助理解视觉文本，语音输入成为冗余信息并分散了认知资源，从而对学习产生消极影响。

可见，在成人二语学习中，新增模态与原模态之间的相对优势可能影响多模态输入后的效应。当原模态为学习者的优势模态时，新增模态可能会干扰和抑制原模态信息的加工。如在成人二语学习者，因听觉模态为弱势模态，如果听觉模态无法提供有用的语音线索的话，那么在视觉输入模态基础上新增听觉模态可能会干扰和抑制视觉模态信息，造成视听多模态输入效果不如视觉单模态的输入效果；相反，视觉模态信息往往有助于弥补听觉模态信息的不足，故视听多模态输入效果通常优于听觉单模态输入效果。然而，需要指出的是，视听多模态中的听觉模态并非总是干扰视觉模态信息的加工，当视觉信息加工遇到障碍时（如有不认识的字词），听觉模态信息则可能通过语音线索激活语义信息，从而弥补视觉模态的不足。在下一章中我们将就此问题做进一步探讨。

6.5 本章小结

本章通过一项教学实证研究探讨了输入模态对汉语二语者"把"字结构学习的影响。研究结果发现，相较于视听单模态输入，视听多模态输入似乎并不能提高学习者"把"字结构的习得效率；相反，由于成人二语学习者听力和阅读能力不平衡等原因，当相同的信息以听觉和视觉模态同时呈现时，听觉信息反而成为冗余信息并对视觉信息造成干扰，影响二语句法结构的学习效果。

以上研究结果对汉语二语句法学习具有启示作用。对于句法结构的学习，教学中不应一味强调多模态的输入，而应根据不同教学目的合理使用。如果教学目的是帮助学习者克服汉字识读困难而引起的阅读障碍，那么视听多模态输入可能是有益的（下一章将对此进行探讨）；但如果教学目的是让学习者学习一种语言结构，那么同步进行听觉和视觉模态的输入则很可能给学习者造成不必要的认知加工负担，不利于学习者对二语句法结构的掌握。

第 7 章　视听、视听说多模态对汉语二语文本理解及词汇句法学习的影响

7.1　引　言

在上一章中，我们对比了视觉单模态和视听多模态对汉语二语句法学习的影响，发现视听多模态输入似乎并不利于二语句法学习，但我们仍不清楚视听多模态输入是否有助于二语学习中其他方面知识和技能的提高。在本章中，我们将综合探讨视听多模态输入对二语文本理解、词汇和句法学习的影响。同时，在本章中，我们还将对比视听说多模态输入和视听多模态输入的学习效果。

关于多模态任务对学习质量的影响存在各种理论假设。一方面，根据工作记忆的双通道加工理论，在信息加工初期，大脑通过视觉加工通道和听觉加工通道分别对视觉信息和听觉信息进行加工，每个通道的加工能力有限，因此，通过不同通道进行信息加工常常能够实现互补，促进信息的理解和记忆（Baddeley & Hitch, 1974; Baddeley, 2003; Penney, 1989; Mayer & Moreno, 1998; Mayer, 2009），即产生积极的模态效应。另一方面，根据加工负荷理论（cognitive load theory）（Sweller & Chandler, 1994; Paas, Renkl & Sweller, 2003），人们在某个特定的信息处理阶段只能处理和加工与其认知容量相符的输入信息，超过其认知负荷的信息将无法得到有效加工进而进入长时记忆（卢植，2003）。因此，多模态任务的配置必须充分考虑认知负荷量，避免因模态信息过多而引起认知负荷超载，产生消极的冗余效应（Mayer, 2009）。

以上假设最初是通过对科学知识（如物理、化学现象）的多模态学习效果的观察提出的。但科学知识学习与语言学习本身存在重要的区别：科学知识的学习只是把语言当作工具来学习和理解复杂的知识和现象，语言

材料本身并不是学习的目标；语言学习的目的即是习得语言能力，语言材料本身就是学习的目标对象。因此，通过科学知识学习观察所提出的理论假设是否适用于二语学习、在什么条件下适用仍需要验证和讨论。目前，已有一些二语教学研究者开展了这一方面的工作，但研究结论存在诸多争议。如 Liu 和 Todd（2014）以日语二语学习者为对象的研究发现，接受视听多模态学习任务的学习者在阅读理解方面的表现好于只接受视觉单模态任务的学习者；顾琦一、臧传云（2011）和朱鑫（2013）针对英语二语者的研究则得到了相反的结论，她们发现视听多模态的学习效果不如视觉单模态。在伴随性词汇学习方面，Webb 和 Chang（2012）的研究发现，通过视听多模态学习英语二语词汇，其效果显著优于视觉单模态学习；Brown 等（2008）发现视听多模态和视觉单模态学习对二语词汇学习效果没有显著影响。Diao 和 Sweller（2007）的研究结果则显示，无论对阅读理解还是词汇习得，视听多模态的学习效果均不如视觉单模态。多模态任务对二语句法结构学习影响的研究成果较少，第 6 章的研究初步表明，视觉单模态学习对汉语二语者"把"字句的促学效果优于视听多模态学习，但二者的差异未达到显著水平。由于该研究中接受视听多模态任务的被试还经历了一个视觉单模态输入阶段，所得结论是否可靠还有待进一步验证。

从以上研究可以看出，无论是对于二语理解还是词汇、句法学习，多模态任务的学习效果仍不明晰。造成这一现象的原因是多方面的，除了与不同研究中被试的语言水平及当时的测试方法存在差异有关外，还可能与所学习目标语属性不同有关。目前大多实验中被试的学习目标语为屈折语或黏着语，文字系统也多是音素文字或音节文字，这些目标语的性质与汉语存在较大差别。汉语的词汇语法系统和文字书写系统是否会对多模态学习效果产生影响还有待深入探讨。

此外，目前多模态学习研究大多是对比视听多模态和视觉单模态两种学习条件，但这两种学习条件都只包括输入模态。如果学习者在视觉输入后还需要通过语音说出来（如朗读出声、口头复述等），则任务中包含了从输入模态到输出模态的转化。根据顾曰国（2007）的假设，当输入和输出发生模态转换时，学习者对所学内容的内化度会增强，从而提高内容记忆的持久性。但这一假设同样需要实证研究的检验。

基于以上研究背景，本章以汉语二语学习者为研究对象，考察学习任务的模态配置如何影响二语文本理解、词汇和句法学习。具体来说，要回答以下问题：

（1）视听、视听+朗读的多模态学习是否比视觉单模态学习更有助于汉语二语学习者理解二语文本？

（2）视听、视听+朗读的多模态学习是否比视觉单模态学习更有助于汉语二语学习者习得词汇和句法结构？

（3）包含输入与输出模态转化的视听+朗读任务的学习效果是否比只包含输入模态的视听任务更好？

7.2 研究方法

7.2.1 被试

被试为南方某重点大学国际汉语系 58 名中级水平汉语二语学习者，他们分别来自韩国、泰国、日本、印尼、越南、法国、俄罗斯、哥伦比亚等 22 个不同国家。这些被试在实验前约一个月参加了学校组织的汉语水平安置测试。测试采用 HSK 四级简化版试题，测试结果显示被试汉语水平均达到了 HSK 四级。他们被随机分到三个实验组中接受不同模态配置的学习任务。其中，视觉单模态组 18 人，包括汉字文化圈 6 人，非汉字文化圈 12 人；视听多模态组 20 人，包括汉字文化圈 8 人，非汉字文化圈 12 人；视听+朗读多模态组 20 人，包括汉字文化圈 7 人，非汉字文化圈 13 人。

7.2.2 实验材料

7.2.2.1 目标词

我们首先从《中级汉语阅读与写作教程Ⅰ》（张园，2006）中选取一篇记叙文作为学习材料母本。该文讲述了跟团游客在旅途中发生的故事。根据《汉语国际教育用音节汉字词汇等级划分》（国家汉办、教育部社科司，2010）的标准，从文本中选取了 20 个双音节高级词或超纲词作为备选目标词。为了进一步确定正式实验目标词，我们招募了 10 名与被试水平相当但不参加正式实验的中级汉语二语学习者进行先导实验，要求他们选出与所给释义相匹配的词项。基于先导实验的结果以及被试所在班级教师的建议，最终从 20 个备选目标词中选取先导实验中得分较低的 12 个词作为正式实验目标词，其中包括 4 个名词、5 个动词和 3 个形容词。

7.2.2.2 目标句式

本研究选取汉语重动句作为目标句式。这类句法结构包含两个相同的动词，前一个动词后面带宾语，后一个复现动词则带补语（唐翠菊，2001）。根据表层结构形式将重动句分为两个子类：S+V+O+V+得+C（如"他看球赛看得忘了吃饭"）和 S+V+O+V+C（如"他看书看累了"）。之所以选择该类句式作为目标句式，主要是由于重动句作为现代汉语的一种特殊句式，在其他主要语言中并不多见，考察这类句式有利于排除学习者母语背景对实验结果的干扰。另外，根据我们对被试所用教材的考察，此类句式在教材中未作为一个专门的句式进行讲解，因此能有效减少已有教学因素对实验结果的影响。

7.2.2.3 学习文本

确定目标词和目标句式后，我们对选定的学习文本进行改写，使 12 个目标词在文本中各出现 1 次，重动句的两种子句式各出现 4 次。[①] 改写后使用在线文本难度分析器"汉语文本指难针"（金檀、李百川，2016）对文本难度进行评估，结果显示文本长度为 719 字，平均句长 19 字。全文共 431 词，其中初级词约 83%，中级词约 8%，高级词 2%，超纲词及专有名词 7%。文本难度属于中等难度（难度 LD 值=2.21），符合被试当前汉语水平。

文本通过视觉文字和语音两种方式呈现。视觉文本用 A4 纸黑白打印，目标词和目标句式均做了加粗字体、加重点号、加下画线或波浪线等视觉增显处理，以提高学习者对目标词与目标句式的注意程度。语音则通过播放事先录制好的文本呈现，录音文本由一名普通话水平测试达到一级乙等的女性汉语母语者朗读。文本录音单次时长约 5 分钟，语速约为 144 字/分钟。

7.2.3 测量工具和评分标准

实验的测量工具为一套文本理解测试题和三套词汇、句法测试题，分别用于前测、后测和延后测。

7.2.3.1 文本理解测试

该部分共 8 道选择题，包括 4 道文本细节题和 4 道内容推断题，旨在从

[①] 子句式 S+V+O+V+得+C 中，C 由多种成分充当，包括了小句（如"拍照拍得手机都没电了"）、动词短语（如"骑马骑得忘了时间"）、形容词短语（如"吃饭吃得开心极了、聊天聊得非常高兴"）；子句式 S+V+O+V+C 中，C 由性质形容词充当（如"开车开快了、骑马骑累了、等人等急了、说话说多了"）。

不同层面考察被试对文本的理解程度。评分标准为每答对一题得1分，答错或未作答计0分。满分为8分。题目示例如下：

细节题：
导游跟大家约定下午一点出发，因为：（　　）
A．那一天的天气很不好。　　B．回去的路很难走。
C．大家想早点回酒店休息。　　D．有的游客没吃饭。

推断题：
最后，北京女人为什么冷笑？（　　）
A．因为车里还是很热。　　B．因为她对大家的态度很失望。
C．因为迟到的人没向大家道歉。　　D．因为她觉得出门在外，都不容易。

7.2.3.2　词汇测试

包括词汇释义和词汇选择两类题型。

词汇释义题要求被试用汉语或其母语对目标词进行释义。例如：

抱怨：_____　　　　　悠闲：_____

被试释义完全正确得1分，部分正确得0.5分，答错或未作答等其他情况计0分。满分为12分。如被试用汉语释义，则由两名汉语母语者进行评分。如被试用其母语进行释义，则由两名使用该语言作为母语或官方语言的高级汉语二语者进行评分。每份测试题由两名评分者独立进行评分，并取二者的平均分作为最后得分。

词汇选择题要求被试根据给出的释义选择对应的词项。该部分共12题，分为4组，每组由3个目标词和3个干扰词组成备选词库（每个目标词和其中一个干扰词具有相同语素①），要求被试从6个备选词中选择3个分别与3个释义匹配。例如：

---

① 目标词和干扰词所共享的相同语素，有的语素义相同，如"抱怨、抱歉"；有的语素义不同，如"悠闲、悠久"。这可能造成干扰词的干扰程度有所差异。由于三组被试所接受的词汇测试题选项设置完全相同，目标词和干扰词共享语素的语素义是否相同不会对三组被试学习效果的整体比较结果产生影响。

A. 抱怨　　B. 悠久　　C. 士兵　　D. 悠闲　　E. 抱歉　　F. 救兵
【1】舒服、放松。（　　）
【2】心里不满意，怪别人不对。（　　）
【3】帮助别人解决危险、支持别人的人。（　　）

被试每答对一题得 1 分，答错或未作答计 0 分。满分为 12 分。

7.2.3.3　句法测试

采用句子合法度判断测试（acceptability judgment test）进行测量。测试题包含 12 个重动句（两种形式的重动句各 6 句）。其中每种形式的正确句、偏误句各 3 句。正确句和偏误句大多由学习者日常作文或作业语料改写，少数由作者根据学生作文语料所体现的语言特征自拟。为了避免偏误类型差异影响实验的结果，测试所用的偏误句类型均为遗漏重动结构中的拷贝动词（如"＊小王喝酒多了，没办法自己回家。"）。该题要求被试对给出的12 个句子进行从"不正确"到"正确"的句子合法度评分。例如：

句子	不正确	可能不正确	不确定	可能正确	正确
1. 如果你们逛街逛累了，可以去咖啡厅喝咖啡。					
2. 小王喝酒多了，没办法自己回家。					

为了方便统计，我们将被试的判断结果进行等级赋值，将"不正确""可能不正确""不确定""可能正确""正确"选项依次赋值为 -2、-1、0、1、2。对于偏误句，判断结果越倾向于 -2，说明被试越能肯定地拒绝偏误句；对于正确句，判断结果越倾向于 2，说明被试越能肯定地接受正确句。如果被试对偏误句的判定值倾向于 -2，同时对正确句判定值倾向于 2，则说明被试能较好地掌握该句法结构。

7.2.4　实验程序

实验按照前测、教学处理、即时后测、延时后测四个阶段依次进行。
（1）前测阶段。前测在教学处理前一周进行。内容为一套词汇、句法测试题（参见 7.2.3 节），要求被试在 15 分钟内独立完成。

（2）教学处理阶段。三组被试分别接受一种学习任务。视觉组被试默读文本，重复读 3 遍，每次阅读完记录下阅读时间。阅读过程中不能发出声音。视听组被试边看文本边听文本录音，共重复 3 遍。任务过程中同样要求被试不能发出声音。视听+朗读组被试在边看文本边听文本录音的同时尽量跟着音频一起出声朗读，共重复 3 遍。三组被试完成任务的平均时长均在 15 分钟左右，其中视觉组被试用时最短 11 分钟，最长 18 分钟。

（3）即时后测阶段。完成学习任务后，主试回收学习材料并发放文本理解题，要求被试根据学习的文本内容选择正确答案。随后进行词汇和句法后测。在此之前，被试仅知道会有文本理解测试，并不知道还会进行词汇和句法测试。后测内容和形式与前测一致，但题目和选项顺序进行了调整。

（4）延时后测阶段。在被试事先不知情的情况下，一周后进行延时后测，以考察被试对词汇和句法习得的保持效果。延后测的内容和形式与前测、后测相同，但题目和选项的顺序再次进行了调整，以减少重复练习效应。

此外，主试在实验后还从每组被试中各随机抽取 3 名被试进行了访谈，以了解学习者对不同模态学习任务的主观感受。

7.3 实验结果

7.3.1 文本理解成绩

接受不同模态学习任务的三组被试的文本理解成绩如表 7.1 所示。

表 7.1 不同模态任务下的文本理解的正确率　　　　单位：%

组别	视觉组	视听组	视听+朗读组
整体正确率	50.00（21.44）	65.63（23.60）	67.50（16.43）

说明：括号内为标准差（SD）。表 7.2～表 7.5 同此。

对文本理解正确率进行单因素方差分析（one-way ANOVA）。结果显示，$F(2, 55) = 4.022$，$p<0.05$，表明不同模态的学习任务对二语文本的理解程度存在显著差异。事后多重比较结果显示，视听组、视听+朗读组的理解成绩均显著好于视觉组（$p<0.05$），但视听组与视听+朗读组的差异不显著（$p=0.775$）。

为进一步考察学习任务的模态配置是否影响不同层面内容的理解，我们分别统计了三组被试在细节题和内容推断题上的回答正确率（表7.2）。

表7.2 不同模态学习任务下两类理解题的正确率　　单位:%

组别	文章细节题	内容推断题
视觉组	73.61（26.39）	26.39（27.75）
视听组	81.25（19.66）	50.00（35.36）
视听+朗读组	86.25（20.64）	48.75（26.25）

方差分析结果显示，对于文章细节题，三组被试的正确率不存在显著性差异，$F(2, 55) = 1.539$，$p=0.224$；对于内容推断题，三组被试的表现差异显著，$F(2, 55) = 3.621$，$p<0.05$。事后多重比较结果显示，视听组、视听+朗读组的成绩均显著高于视觉组（$p<0.05$），视听组与视听+朗读组的成绩差异不显著（$p=0.896$）。

以上结果表明，多模态的学习方式（视听、视听+朗读）比单模态视觉学习更有助于对二语文本的理解，且其优势主要体现在对文本的深层次理解上。视听、视听+朗读这两类多模态学习任务对二语文本理解的影响没有显著差异，包含了朗读输出的多模态任务并没有表现出比仅包含视听输入的多模态任务更明显的优势。

7.3.2 伴随性词汇学习成绩

7.3.2.1 词汇释义题成绩

词汇释义均由两名评分员分别进行评分，因此首先进行评分者信度检验。结果显示，在前测、后测和延后测的评分中，评分员评分的斯皮尔曼（Spearman）相关系数分别达到0.965、0.992和0.996（$p<0.001$），说明两名评分员的评分具有很高的一致性。取两名评分员的平均评分作为每道释义题的最终得分。最终释义成绩如表7.3所示。

表7.3 不同模态学习任务下词汇释义的正确率　　单位:%

组别	前测	后测	延后测
视觉组	2.43（5.99）	7.75（12.68）	8.56（13.31）
视听组	5.94（12.74）	21.67（18.71）	20.21（21.38）
视听+朗读组	3.54（5.62）	23.33（22.30）	17.08（18.56）

重复测量方差分析结果显示,测试时间点的主效应显著,$F(2, 110) = 24.040$,$p<0.001$。事后多重比较结果显示,后测、延后测的释义正确率均显著高于前测($p<0.001$),但后测与延后测的正确率没有显著差异($p = 0.306$)。模态的主效应边缘显著,$F(2, 55) = 3.119$,$p = 0.052$。LSD 事后多重比较分析结果显示,视听组、视听+朗读组的释义正确率均显著高于视觉组($p<0.05$),视听组与视听+朗读组的释义正确率没有显著差异($p = 0.753$)。测试时间与学习模态的交互作用也达到边缘显著水平,$F(4, 110) = 2.177$,$p = 0.076$,说明在不同的测试时间点,学习模态的影响可能存在差异。因此,我们进行了简单主效应分析。结果表明,在前测中,三组被试的词汇释义成绩差异两两均不显著($p>0.05$)。后测中,视听组、视听+朗读组被试的释义成绩显著高于视觉组($p<0.05$),视听组和视听+朗读组被试的成绩则没有显著差异($p = 0.777$)。延后测中,视听组被试释义成绩也高于视觉组被试,且二者差异接近显著($p = 0.054$),其他各组两两比较则没有显著差异($p>0.05$)。简单主效应分析还表明,对于视觉组,前测、后测、延后测三次测试的释义成绩差异不显著($p>0.05$);对于视听组和视听+朗读组,后测、延后测的成绩均显著好于前测成绩($p<0.001$),且后测、延后测成绩差异均不显著($p>0.05$)。

以上结果说明,视觉组的被试经过三次视觉输入后,其词汇释义成绩并没有显著进步,多模态学习(视听、视听+朗读)则显著提高了学习者对目标词的释义成绩。此外,两种多模态学习方式在提高目标词释义成绩幅度上没有显著差别。

7.3.2.2 词汇选择题成绩

三组被试词汇选择的前测、后测和延后测正确率如表 7.4 所示。

表 7.4 不同模态学习任务下词汇选择的正确率   单位:%

组别	前测	后测	延后测
视觉组	18.06(17.21)	47.69(22.65)	42.59(18.28)
视听组	25.42(15.64)	52.50(25.95)	47.08(28.65)
视听+朗读组	24.58(16.77)	60.83(27.19)	41.67(26.35)

重复测量方差分析结果显示:不同测试时间点的选择正确率主效应显著,$F(2, 110) = 69.540$,$p<0.001$。事后多重比较结果显示,后测、延后

测的正确率均显著高于前测（$p<0.001$），后测的正确率也显著高于延后测（$p<0.001$）。学习模态的主效应不显著，$F(2, 55) = 0.581$，$p = 0.563$，说明三组被试的整体正确率没有显著差异。测试时间与学习模态的交互效应也不显著，$F(4, 110) = 1.586$，$p = 0.183$。

以上结果表明，三种模态配置的学习任务均能使被试伴随性地习得部分目标词知识，且在一周后该词汇知识仍得到一定的保持。但与词汇释义测试的结果不同，在词汇选择测试中，单模态任务和两种多模态任务的正确率并没有显著差异，即与单模态任务相比，多模态任务没有更大幅度地提高词汇学习效率。

7.3.3 句法结构学习成绩

我们通过句子合法度判断测试来考察被试对目标句法结构的习得效果。在前测、后测和延后测中，三种学习模态下的句子合法度判断的平均值如表7.5所示。

表7.5 不同模态学习任务下句子合法度判断的平均值

组别	前测		后测		延后测	
	正确句	偏误句	正确句	偏误句	正确句	偏误句
视觉组	0.60	0.13	0.57	0.22	0.81	0.19
	(0.80)	(0.80)	(0.97)	(0.85)	(0.70)	(0.80)
视听组	0.44	−0.15	0.76	0.04	0.74	0.11
	(0.46)	(0.65)	(0.58)	(0.72)	(0.49)	(1.04)
视听+朗读组	0.24	−0.06	0.63	0.25	0.72	0.02
	(0.72)	(0.89)	(0.72)	(0.88)	(0.76)	(0.83)

采用重复测量方差分析对正确句的可接受度判断平均值进行推断性统计检验。结果显示，测试时间的主效应显著，$F(2, 110) = 5.971$，$p<0.01$。事后多重比较结果显示，后测、延后测中被试判定句子的可接受度判断平均值均显著高于前测（$p<0.01$），后测与延后测的判断平均值没有显著差异（$p=0.361$）。学习模态的主效应不显著，$F(2, 55) = 0.324$，$p=0.725$，说明三组被试的判定值均没有显著差异。此外，测试时间与学习模态的交互效应也不显著，$F(4, 110) = 0.978$，$p=0.423$。

对偏误句的判定结果进行分析则发现，测试时间主效应不显著，$F(2,$

110) = 1.985，$p=0.142$，说明前测、后测和延后测的判断平均值均没有显著差异。学习模态的主效应也不显著，$F(2, 55) = 0.303$，$p=0.739$，说明三种学习任务下的判断分数没有显著差异。测试时间点与学习模态的交互效应也不显著，$F(4, 110) = 0.528$，$p=0.716$。

从被试对正确句的判定情况可以看出，三种不同模态配置的学习任务均在一定程度上促进了学习者对目标句法结构的学习，这主要表现为三组被试在后测或延后测中对正确句的判断平均值至少有一项显著高于前测；但三组被试都无法准确拒绝不符合句法的测试句，他们对偏误句的判断平均值均在 0 分左右（0 分表示不确定是否合法）。可见被试对该句式的掌握程度依然十分有限。更重要的是，不同模态的学习任务似乎对句法结构习得没有产生显著影响，三组被试的句法判定结果在三个测试时间点上均没有表现出显著差异。

7.4 分析与讨论

实验结果显示，不同模态配置的学习任务对二语文本理解、词汇与句法习得产生了不同的效应。相较于视觉单模态学习，视听和视听+朗读的多模态学习能更有效地促进二语文本理解和词汇习得；但在句法结构方面，单模态和多模态学习效果没有显著差异。此外，研究结果还显示，涉及模态转换的视听+朗读的多模态任务并没有比不涉及模态转换的视听多模态任务带来更好的学习效果。下面我们将对以上结果进行讨论。

7.4.1 不同模态任务对二语文本理解的影响

相对于视觉单模态学习，视听和视听+朗读两种多模态学习任务更有助于学习者对二语文本的理解。这一结果支持积极模态效应的假设。根据双通道加工理论（Mayer & Moreno, 1998；Mayer, 2009），当信息以视觉文本和语音形式呈现时，人脑通过视觉通道和听觉通道对两种信息进行独立加工，增加了学习者获取信息的路径，使两种信息能够相互补充并激活连接，从而提高信息加工的质量。具体到汉语二语学习过程中，我们认为视觉与听觉的多模态任务对文本理解的促进作用与以下两方面相关。

首先，对于汉语二语学习者而言，汉字认读是学习的难点。本研究被试的汉语水平仅为中级，其对汉字的加工可能仍未达到自动化水平，因此从字形通达语义的速度较慢，有的语素甚至仍停留在"知音不知形"或"知音不熟形"的阶段。因此，当学习者阅读汉字文本的同时为其提供对应的语音输入，可以帮助其通过语音信息激活语义，进而提高文本理解质量。已有关于汉语阅读加工的研究也证实，中文阅读理解中语音信息起着不可忽略的作用（靳洪刚，2017）。实验后对部分被试所进行的随机访谈也佐证了这一点。接受了多模态任务的几位被试均表示，虽然他们不认识文本中的一些汉字，但因为有音频的辅助，他们可以边听边认读文本。还有被试提到通过录音的辅助减少了因错认汉字而导致误解文本的情况发生。如有被试提到，如果没有听录音，他很可能把"劝他们……"看作"对他们……"，把"衷"看作"裹"。

其次，汉语文本不像英语等拼音文字，词与词之间没有空格作为词界标记，这增加了汉语文本理解的难度（高珊、江新，2015）。朗读时语音所包含的丰富的韵律信息往往能够帮助学习者克服因词边界模糊带来的理解困难。不仅如此，朗读时母语者还会做进一步在线的句法加工，将较长的文本单位拆分成多个有意义的语块①，这些语块信息会通过句中短暂的停顿和语流音变加以体现。因此，当学习者听到母语者所朗读的录音材料时，能够更容易感知和激活这些语块。例如，当母语者朗读"……看上去很悠闲"时，"看上去"的"上去"均需弱读成轻声，且在"看上去"与"很悠闲"之间也会有较明显的停顿，这些信息可能有助于学习者理解和加工句子。不少研究发现，语块具有心理现实性，存在加工优势（如 Jiang & Nekrasova, 2007；郑航、李慧、王一一，2016；高珊，2017），因此语块整体加工可以减轻编码的负担，使学习者有更充足的认知资源用于深入加工文本内容。在本实验中，我们发现多模态任务在二语理解方面的优势主要体现在内容推断上，这可能是由于听力输入减轻了浅层文本理解的负担，从而为内容推断所需的深加工节省下足够的认知资源。

值得注意的是，听力模态的加入是否有助于二语理解还可能与视觉文本的类型有关。我们发现，以无词边界信息的视觉文本（如中文和日文）作为实验材料的研究均发现视听输入优于单纯视觉输入（如 Liu & Todd, 2014）；以有词边界信息的文本（如英文等表音文字）为材料的研究则常常得到不一致的结论，未发现听力模态具有稳定的促学效果（Taguchi,

---

① 这里的"语块"采取较宽泛的定义，包括固定搭配和自由搭配。

Takayasu-Maass & Gorsuch, 2004; Chang & Millett, 2015; 顾琦一、臧传云, 2011; Diao & Sweller, 2007)。这也许是由于对于没有词边界的视觉文本而言, 听力输入能有效帮助学习者进行文本词语切分, 促进语义加工整合; 相反, 若书面文本已具有词边界信息, 听力输入在文本词语切分中的重要性较低, 因此其效应更容易受其他潜在变量的影响而变得不稳定。

7.4.2 不同模态任务对词汇与句法结构学习的影响

实验结果显示, 无论是接受哪种模态的学习任务, 被试在接触了三次目标词后均能在一定程度上伴随性习得部分词汇知识, 并且在一周后词汇知识仍得到部分保持。通过对不同模态学习效果的比较则发现, 在词汇释义方面, 两组接受了多模态学习的被试成绩显著优于只接受视觉单模态学习的被试。

以上结果表明配置多模态的学习任务有利于伴随性词汇习得。这同样可以根据 Baddeley 和 Hitch (1974)、Baddeley (2003) 有关工作记忆的模型加以解释: 当词汇的视觉信息和语音信息同时呈现时, 工作记忆中负责言语和声音信息编码及暂存的语音回路 (phonological loop) 和负责视觉空间信息编码及暂存的视觉空间模板可能同时激活①, 使词汇得到更准确的加工 (Han & Chen, 2010)。我们认为, 两个多模态组中的听力输入可以帮助汉语二语学习者通过语音信息激活心理词典中相应的词形和语义信息, 从而促进词汇习得。随后对被试的访谈也证实了我们的假设。例如, 对于"悠闲"这一目标词, 一个被试谈到, 如果没有录音, 她不认识这个词, 但听到第二个字读"xian^{35}"时, 她想起学过"空闲", 所以她觉得"悠闲"可能是"有时间"的意思。可见, "xian^{35}"的这一语音信息帮助学习者激活了"闲"的词形和相关的语义概念, 进而帮助学习者推测出目标词的词义。此外, 如上节所分析的, 语音信息的输入还减轻了学习者对文本句子的理解难度, 这使得学习者对目标词所处的上下文语境理解得更透彻, 这也有助于他们更好地利用上下文的语境信息猜测出目标词的意思。

虽然在词汇释义题上, 多模态组获得了更高的成绩, 但在词汇选择题上, 接受不同模态学习任务的各组被试成绩并没有显著差异, 这可能与词

---

① 视觉空间模板在汉字文本加工中所起的作用可能远大于在英语等表音文字文本加工中所起的作用。这是由于方块形汉字的空间结构组合方式复杂, 对视觉空间辨别能力要求更高。

汇选择的题目设置有关。在词汇选择测试中，题干中给出的词汇释义为学习者提供了线索，当释义与学习者之前阅读学习时所猜测的目标词词义信息一致时，学习者对目标词词义的理解便得到了确认，因此题目总体难度相对较小。这可能造成三组被试之间的成绩差异不明显。此外，我们在事后访谈中还发现一些被试利用了部件等猜词策略进行答题。例如，有的被试虽然通过多模态学习了文本材料，但仍然不明白"抱怨"的意思，由于"怨"的下部有"心"字底，而题干中的释义为"心里不满意，怪别人不对"，被试据此选择了正确的目标词"抱怨"。可见，在完成选词填空测试时，即使被试没有完全习得目标词词义，依然有可能通过其他猜词策略做出正确选择，从而减少了三组之间的成绩差异，导致组间差异不显著。这也提示我们有关多模态学习研究的结论存在不一致有可能是受测量工具不同这一因素的影响。如 Brown 等（2008）、Liu 和 Todd（2014）、Diao 和 Sweller（2007）采用的任务不同，所得出的结论也不尽相同。因此，有必要通过多手段的测量工具对相关结论进行验证。

不同于词汇学习，多模态任务对句法结构的习得并未发挥积极的效应，多模态组被试对重动句合法度的判断得分与单模态组被试的判断得分没有显著差异。这是由于多模态中的语音输入主要作用于语义，即通过语音信息为语义通达提供新的路径，而句法结构更多的是形式学习，语音输入并不能对形式加工产生直接促进作用，相反，还可能因学习者认知负荷的增加出现消极的冗余效应。我们在第 6 章的研究发现，相较于视觉单模态学习，视听多模态学习不仅没有对汉语二语学习者"把"字句的产出起到积极作用，反而有阻碍的倾向。这可能是由于"把"字句本身结构复杂，学习者对其进行加工的内在认知负荷已经颇重，此时视听多模态的输入虽然实现了语音与文字信息的加工匹配，但这种匹配与句法结构的学习并无太多关联，因此是一种冗余的外在认知负荷，不利于句法结构的学习。本实验结果支持这一观点。在本实验中，我们采用句子合法度判断任务测量学习者对句法结构的习得情况，相较于第 6 章中采用的句子产出任务，本实验任务难度较小，但我们同样发现多模态学习对句法结构习得没有显著促进作用。我们对被试进行事后访谈也发现，不少接受多模态学习的被试谈到，因为要跟上录音的速度，所以他们主要的精力都放在文本理解上，没有时间去考虑句子的结构。可见听觉模态的线性时间特征增加了"语义"和"形式"对有限认知资源的争夺，而语言交际以意义理解优先，因此，我们认为在句法学习过程中加入听觉模态对学习者来说是冗余信息，无助于其对句法结构的掌握。

7.4.3 输出模态转换对二语学习的影响

前文的讨论中，我们没有涉及视听、视听+朗读这两类多模态学习效果的比较。本节我们将重点讨论这两类不同的多模态学习任务之间的差异。根据顾曰国（2007）的假设，除了视听输入学习外，若还需要学习者调用发音运动器官进行输出（如朗读、复述等），则涉及输入模态到输出模态的转换，这一转换过程能增强学习者对所学内容的内化程度，提高对内容记忆的保持能力。然而，本研究结果并不支持这一假设。在本研究的几项测试中，包含模态转换的视听+朗读组被试学习成绩与只包含输入模态的视听组被试成绩之间均没有显著差异。可见，在视听模态基础上增加同步朗读输出并不能进一步提高学习者对信息的加工处理效率；相反，我们认为同步朗读还可能在一定程度上加重了外在认知负担。

首先，在视听输入的同时进行朗读，学习者不仅要接收来自录音文本的语音信息，还需要同时接收来自自身发音器官输出的语音信息，这就可能造成听力通道中的信息容量超载，影响听力模态应有的作用。Crooks 等（2012）指出，当信息加工的某一个通道超负荷时，便可能阻碍新信息的学习。其次，朗读时被试还需要调用部分认知资源对发音进行监控，这减少和分散了用于文本理解、词汇和句法学习的认知资源，会引起消极作用。从我们的实验结果来看，这种消极作用更多地体现为因加工过程中信息容量过大而造成遗忘速度加快。虽然在即时后测中，视听组和视听+朗读组的词汇释义成绩相当，朗读任务似乎没有对学习成绩造成明显的干扰，但对比延后测成绩则会发现，视听+朗读组在延后测中成绩下降更为明显，学习保持效果较差。可见，进行视听与同步朗读任务带来了一定的负面效应。另外，从信息的有效性角度看，朗读这一发音器官运动模态输出的语音信息对于本研究的学习目标而言也是一种冗余，无法为信息加工提供进一步的帮助。Sweller（2005）认为，当信息只需要以某种形式呈现就能实现理解却采用了多种形式进行呈现时，便会产生冗余效应，降低信息加工处理的效率。在视听任务中，语音听力信息已经为视觉信息提供了有效的辅助作用，此时朗读任务是一个冗余任务，它不仅无效，反而会成为外在认知负担，影响学习效果。

然而，需要指出的是，以上结果并不能完全否定包含"输入输出转换的多模态任务更有助于学习和记忆"这一假设。一方面，涉及输入输出转换的多模态任务有多种形式。除了朗读外，还可采用口头或书面复述、转述、仿写、续写等不同形式，这些形式与朗读相比，涉及更深层次的语言运用和加工，因此有可能产生不同的学习效果。如王初明（2012、2016）就认为，将输入和输出紧密结合的读后续写、听后续说、视听续说等任务能够产生协同效应，有效促进二语习得。随后一些实证研究结果（如 Wang & Wang, 2015；王启、王凤兰，2016；刘艳、倪传斌，2018）也证明了这一点。另一方面，涉及输入输出转化的多模态学习任务的效果还可能受任务的时序安排影响。Moreno 和 Mayer（2000）曾发现，如果图像、解说、文本三者同时呈现，那么其学习效果不如只同时采用图像和解说两种模态的效果；但如果将图像、解说、文本三种模态信息分两步处理，即先图像、再解说+文本，则其学习效果要好于先图像、后解说的效果。这表明，当多模态信息的呈现时序发生改变时，则有可能将原有的冗余效应转变为积极的模态效应。我们推测，若将本实验视听任务和朗读任务在时间轴上分离，即先视听，后朗读，则可能避免信息负载过重，模态转换也可能产生积极效应。

7.5 本章小结

本章考察了不同模态配置的任务对汉语二语者文本理解和词汇句法学习的影响，并得出以下结论：

第一，相对于视觉单模态学习，加入听觉模态的多模态学习任务有助于提高汉语二语学习者对汉语文本的理解水平。这主要是由于语音输入不仅能够辅助学习者正确切分文本，并帮助提高学习者采用语块形式对信息进行编码的可能性，从而提高文本加工的速度和质量。

第二，加入听觉模态多模态任务也有助于伴随性词汇学习，但无助于句法结构的学习。多模态中的听力通道提高了从语音到词形和从语音到词义的激活水平，因此对词汇学习起促进作用；相反，语音信息的激活与句法形式加工无直接关联，可视为冗余信息，对句法结构学习无积极效应。

第三，包含同步朗读输出的视听+朗读多模态学习效果并不优于只包含输入模态的视听多模态学习。这可能是由于朗读时的语音信息挤占了听觉通道的认知资源，同时，朗读也增加了语音监控等额外认知负担，因而影响了学习效果。

以上结果对于二语教学具有一定的启示作用。

首先，多模态学习任务会对二语学习的不同方面产生不同的效应，因此，应根据具体的教学目标配置学习任务的模态。例如，当教学目的是提高学习者对文本或词语的理解水平，可考虑通过视听多模态的方式进行学习；当教学目的是让学习者掌握句法结构形式，则视听多模态输入未必是更有效的方式。

其次，教学中应避免因不必要的模态叠加而造成学习者认知负荷超载。如本研究中，在视听任务的基础上要求学习者同步朗读便是不必要的模态叠加。在教学时间充裕的条件下，较理想的配置方式是将可能造成信息通道过载的多模态信息分步呈现，如先视听，再朗读。这样既可以避免认知负荷过载，又可能提高对所学内容的内化度，进一步增强学习效果。

本章初步探讨了任务的模态配置如何影响二语学习的效果，但仍有一些问题值得进一步深入研究。例如，本研究发现包含输入输出转换的多模态任务并没有比只包含输入模态的任务显示出更好的学习效果。但如 7.4.3 中所分析的，输出转换的任务形式和任务的时序安排都可能影响学习的效果，因此，本实验结果只能证明一些包含输入输出转换的多模态任务会产生冗余，但不能以此证明包含输入输出相结合的多模态任务都不具有促学优势。哪些包含输入和输出模态转换的多模态任务能够提高学习效率还需要更多证据的验证。我们将在随后的章节中对这一问题做进一步探讨。

第 8 章　视觉单模态与视写多模态对汉语二语量词学习的影响

8.1　引　言

　　在上一章中，我们发现，并非所有包含输入输出转换的多模态任务都能有效提高二语学习的效率。例如，要求学习者跟读听到的文本就未进一步促进文本理解和词汇句法学习。我们认为，这是由于跟读这一输出任务没有包含促进语言习得的关键因素。王初明（2013）指出，促进语言习得的关键特征包括五个方面：交际意图，互动协同，语境融入，语言的创造性使用，语言理解与产出结合。这些特征相互关联，共同促进语言发展。而跟读未能充分体现以上特征。跟读文本虽然有一定的语境融入，但该任务缺乏交际意图，学习者只需按照听到的语音进行机械式跟读，无需对语言进行创造性使用，任务互动性弱，且其在跟读时是否已理解所听到的信息也无法检验，故跟读文本也很难说是语言理解和产出的结合。可见，跟读任务并不符合促进语言习得的关键特征，并不是一种高效的输入任务，因而即使是在视、听等输入任务中加入跟读或朗读的输出任务，也不容易带来显著的促学效应。

　　那么，什么样的输出任务符合促进二语习得的关键特征，能够发挥输入输出模态相结合的优势？我们认为，近年来一些学者，如王初明（2010，2012，2013）所倡导的读后续写任务不失为一种有效的任务。

　　所谓读后续写任务，是指给学习者提供一篇与其语言水平相符的语篇的前半段，要求学习者根据前文进行合理续写，将语篇后半段补全的学习任务。该任务的设计主要基于互动协同的教学理念。近年来，不少学者关注到语言交际和学习过程中的互动协同现象（Pickering & Garrod, 2004、2013；Atkinson, et al., 2007；Dings, 2014；Trofimovich & Kennedy, 2014；

Nashino & Atkinson, 2015; 王初明, 2010、2012、2013、2014、2015)。如 Pickering 和 Garrod (2004) 发现, 人们在对话时, 交谈双方会不自觉地相互适应、动态调整, 在语言层面(语音、词汇、句法等)和情境模式 (situational model) 层面产生协同。因此, 当对话双方语言水平存在高低之别时, 低水平者便可能在与高水平者的互动中与之发生协同, 趋近或拉平与高水平者间的距离。王初明 (2010、2012) 认为, 互动协同现象不仅发生在人际互动的对话中, 阅读时学习者与所接触文本的互动也能产生协同效应。由于学习者的理解能力总是超出其产出能力, 这种理解与产出间的不平衡会催生协同效应, 使较弱的产出能力在与理解能力的协同中不断得到提高 (Wang & Wang, 2015; 王敏、王初明, 2014)。

读后续写符合互动协同的促学机理。当给学习者提供前半部分的阅读材料并要求其进行合理续写时, 语言的输入和输出便紧密地黏合在一起。续写过程中, 学习者需要反复回读原文, 以保持所写的内容和语言与原文连贯, 这便迫使理解与产出强烈互动。互动越强, 则协同效果越好, 拉平效应也越明显(王初明, 2012)。

除了借力互动协同以外, 王初明 (2009、2012、2014、2015) 还指出, 读后续写任务至少还存在以下方面的促学优势: 一是凸显了语境的作用。任务前半部分的语篇提供了语言使用不可缺少的语境, 而在正确语境中学习语言能够抑制母语语境知识补缺, 使语言学得地道, 也有助于语言的后续运用。二是催生学习者的内生表达动力。读后续写任务有助于激发学习者的表达意愿, 而强烈的表达意愿是语言学习的动力源泉。学习者在续写中能通过模仿前文结构和词汇表达自己创造的内容, 容易产生成就感, 增强学习兴趣和动力, 提高学习效率。

一些实证研究结果初步表明了读后续写的促学效果。如 Wang 和 Wang (2015)、王敏和王初明 (2014) 通过实验发现, 在读后续写任务中, 英语二语学习者在单词、词组、句法等层面的产出均与阅读文本发生了协同, 学习者在完成读英续英任务时, 高频使用了原文里出现过的语言结构; 读英续英中的语误也显著少于读汉续英。姜琳、陈锦 (2015) 发现读后续写可以有效改善学习者的语言产出表现, 特别是在准确性和复杂性方面, 效果尤为明显。姜琳和涂孟玮 (2016) 发现读后续写能有效促进二语词汇学习, 特别是在词义和用法方面, 效果明显好于写概要。以上研究证据均来自英语二语学习, 近期几项关于汉语二语学习的研究结果也发现了读后续写的促学作用（Wang & Hong, 2021；王初明, 2015；郝红艳, 2015；王启、王凤兰, 2016）。如王初明（2015）通过出声思考的方式对两位汉语二语者在读后续写中的思维过程进行了剖析，结果表明读后续写能有效促进汉语二语学习。

虽然上述研究发现了包含视、写模态的读后续写任务的有效性，但并没有直接证明其是否比视觉单一模态的阅读输入任务更有效。如果能够通过实验证明采用包含输入（读）和输出（写）转化的读后续写任务比仅包含输入模态的阅读任务的教学效果更好，则可以验证顾曰国（2007）所提出的"当输入和输出发生模态转换时，学习者对所学内容的内化度会增强，从而提高内容记忆的持久性"的理论假设，并结合前文的研究对此假设做进一步修正和完善。

基于以上研究背景，本章拟以汉语二语学习者的量词学习为目标语言项目，对比考察无模态转换的阅读输入任务和包含输入输出模态转换的读后续写任务的学习效果。之所以选择汉语量词作为目标语言项目，是由于在教学实践中，我们发现，虽然汉语二语学习者从初级阶段开始就大量接触量词，但其学习质量却不理想。事实上，"数+量+名"结构本身难度并不大，真正的学习难点是量词与名词的搭配（Gong, 2010；Zhang & Lu, 2013；伏学凤, 2005）。即使到中高级水平阶段，与量词相关的偏误仍时有发生。如 Gao（2010）的调查结果表明，汉语二语者对量词的掌握明显滞后于其整体汉语水平。一些研究发现中高级水平留学生各类量词的使用偏误均超过40%（胡清国, 2012）。并且，量词学习的困难不仅存在于母语为非量词语言的学习者当中，即使是对母语为量词语言的学习者而言，汉语量词的学习也存在不少问题。Liang（2008）比较了英、韩母语者对汉语量词的掌握情况，结果表明虽然韩语中存在量词，但母语为韩语的学习者对汉语量词的掌握并不比英语母语者好。Polio（1994）、伏学凤（2007）、袁焱和龙伟华（2010）的研究也证实了母语是量词语言的学习者（如日本、韩国、泰国学习者）均可能受母语负迁移的影响而误用汉语量词。可以说，量词是汉语二语学习中普遍存在的"顽疾"。因此，如果能够通过该研究发现相对高效的量词学习方法，则能对汉语二语量词教学起到一定的促进作用。

8.2 研究设计

8.2.1 研究问题

（1）视写任务（读后续写）是否能够有效促进汉语二语者对量词的习得？

（2）若视写任务有效，那么其促学效果是否能得到延时保持？

（3）与单纯视觉阅读任务相比，视写任务是否存在优势？若存在，主要体现在哪些方面？

8.2.2 被试

被试为南方某重点高校的 59 名中级水平汉语学习者。这些学习者来自印尼、泰国、俄罗斯等 16 个不同国家和地区。他们通过入学分班考试被随机分到 A、B、C 三个平行班，其汉语水平大致相当于 HSK 四级。其中 A 班 19 人，B 班 20 人，C 班 20 人。实验时，A 班接受包含视写任务的读后续写教学处理（简称视写组），B 班接受仅包含视觉输入任务的阅读教学处理（简称视觉组），C 班为对照组。由于各组均有若干被试未能完成全部实验步骤，最后仅有 47 名被试的数据进入统计分析。其中视写组 15 名，视觉组 15 名，对照组 17 名。

8.2.3 实验材料

实验材料为一幅图画、一段与图画对应的短文及三套测试题（分别用于前测、后测、延后测）。图画上呈现的是玛丽房间的物品和布局，短文详细描述了图画所绘房间的物品及空间位置。全文约 400 字，共出现 27 个名量词，每个量词在文中均只出现 1 次（附录 3）。测试题采用看图填写量词的形式（图 8.1），每套测试题包含 24 种物品，均为图画中出现过的物品。三套测试题呈现的物品一致，但呈现顺序不同。

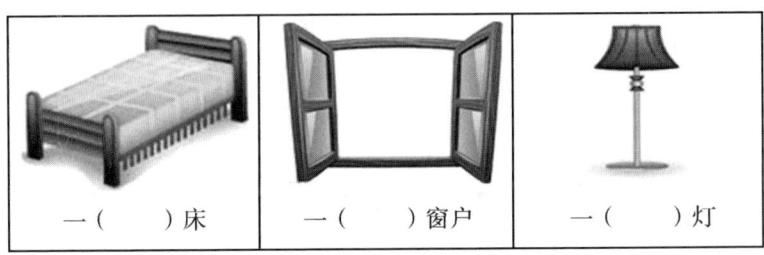

图 8.1　看图填量词测试题举例

8.2.4　实验任务及程序

为了检验三组被试在量词初始掌握水平上是否基本一致,在正式教学处理前,我们对三组被试进行了前测。要求被试根据 24 种物品的图片填写出适当的量词。一周后,三组被试接受不同的教学处理。

视写组要求被试一边看玛丽房间的图画,一边阅读描述该图画的短文,被试看图和阅读短文的时间为 20 分钟。接着,要求被试对短文进行对比续写,比较自己房间与玛丽房间的差异。写作时间为 40 分钟。视觉组前一部分任务与视写组完全相同,即被试要在 20 分钟内边看图边阅读短文(图画与短文与视写组一致),但阅读后不要求进行续写。对照组只看房间的图画,但不提供描述房间的短文。该组被试需先用 10 分钟仔细观察图画,随后在 40 分钟内进行写作,比较自己房间与图画中房间的差异。

教学处理完成后,主试回收所有实验材料,并对三组被试进行后测。后测与前测形式相同,即要求被试根据物品图片填写相应的量词,时间为 10 分钟。测试完成后,主试回收测试卷。

后测完成后,主试不再对图画中出现过的量词进行任何形式的复习。一周后,对三组被试进行延后测。延后测的形式、内容与前测和后测相同,但所考察的 24 种物品呈现顺序不同。

8.3　实验结果

分别统计三组被试在前测、后测、延后测中的得分。每次测试满分为 24 分。结果如表 8.1 和图 8.2 所示。

表8.1 三组被试在前测、后测、延后测中的得分　　　　　　单位：分

组别	前测	后测	延后测
视写组	9.20（3.43）	18.87（3.87）	15.73（4.53）
视觉组	8.93（2.60）	16.93（4.37）	13.00（3.40）
对照组	9.24（2.14）	9.47（2.50）	9.41（2.37）

说明：括号内为标准差（SD）。

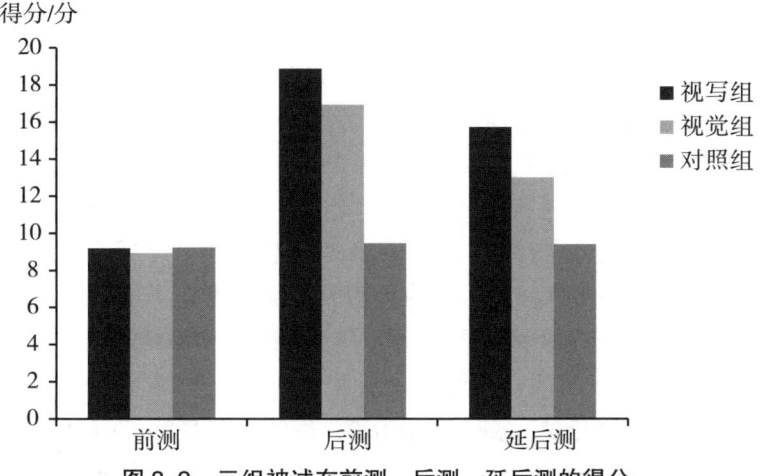

图8.2 三组被试在前测、后测、延后测的得分

采用重复测量方差分析对实验结果进行统计检验，结果如下：

测试时间的主效应显著，$F(2, 88) = 83.338$，$p<0.001$。事后多重比较结果显示：后测、延后测的平均成绩均显著高于前测，$p<0.001$；后测的平均成绩显著高于延后测，$p<0.001$。

组别之间的主效应显著，$F(2, 44) = 15.207$，$p<0.001$。事后多重比较表明，视写组总平均成绩显著高于对照组，$p<0.001$；视觉组总平均成绩也显著高于对照组，$p<0.01$；但视写组和视觉组总平均成绩差异未达到显著水平，$p=0.109$。

测试时间和组别的交互效应显著，$F(4, 88) = 21.181$，$p<0.001$，说明在不同的测试时间，组别之间差异情况有所不同。因此，我们进行了简单效应分析。结果发现：三组被试前测成绩简单主效应不显著，$F(2, 44) = 0.056$，$p=0.946$。事后多重比较结果显示，三组成绩之间两两比较结果均不显著（视写组和对照组，$p=0.971$；视觉组和对照组，$p=0.758$；视写组和视觉组，$p=0.792$）。

三组被试后测成绩简单主效应显著，$F(2, 44) = 30.472$，$p<0.001$。事后多重比较结果显示，视写组、视觉组后测成绩均显著高于对照组，$p<0.001$；但视写组和视觉组后测成绩差异不显著，$p=0.151$。

三组被试延后测成绩简单主效应显著，$F(2, 44) = 13.160$，$p<0.001$。事后多重比较结果显示，视写组延后测成绩显著高于对照组，$p<0.001$；视觉组延后测成绩也显著高于对照组，$p<0.01$；视写组与视觉组成绩差异也显著，视写组显著高于视觉组，$p<0.05$。

接下来，我们检验每个组别在不同测试时间点的成绩差异。结果如下：

视写组成绩的简单主效应显著，$F(2, 43) = 67.654$，$p<0.001$。事后多重比较结果显示，视写组后测、延后测的平均成绩均显著高于前测，$p<0.001$；后测的平均成绩也显著高于延后测，$p<0.001$。

视觉组成绩的简单主效应也显著，$F(2, 43) = 44.862$，$p<0.001$。事后多重比较结果显示，与视写组类似，视觉组后测、延后测的平均成绩均显著高于前测，$p<0.001$；且后测的平均成绩也显著高于延后测，$p<0.001$。

对照组成绩的简单主效应不显著，$F(2, 43) = 0.043$，$p=0.954$。事后多重比较结果显示，前测、后测、延后测的成绩差异均不显著（前测与后测，$p=0.765$；前测与延后测，$p=0.822$；后测与延后测，$p=0.938$）。

为了检验视写组被试与对照组被试在写作中使用的量词数量是否存在差异，我们统计了两组被试对 24 个目标量词的使用情况。每个被试重复使用的量词不重复计算。统计结果如表 8.2 所示。

表 8.2　视写组和对照组在写作任务中的使用量词情况比较

单位：个、%

组别	总数/平均	总正确率	减前测后总数/平均	减前测后正确率
视写组	132/8.80	99.24	76/5.07	98.68
对照组	41/2.41	75.61	12/0.71	16.67

从表 8.2 可以看出，在使用数量上，视写组被试量词使用总量和平均量接近对照组的 4 倍。如减去前测中被试已经掌握的量词数量，则视写组在写作任务中新使用的量词数量接近对照组的 6 倍。在正确率方面，视写组被试写作中新使用的量词几乎全部正确，而对照组被试大部分使用正确的量词均是前测中已经掌握了的量词，新使用的量词正确率只有 16.67%。此外，我们还发现，对于那些前测中量词使用错误的物件，对照组在写作时要么

仍然出错，要么使用万能量词"个"代替，如"一个床""一个小猫""一个镜子"等；视写组则很少使用万能量词，而是模仿了阅读材料中相关量词的用法，产出诸如"一张床""一只小猫""一面镜子"等地道的名量搭配形式。可见，视写组无论在量词使用量还是正确率上均显著优于对照组。

在视写组中，被试写作时使用过的量词是否比没有使用过的量词掌握得更好？为了回答这个问题，我们将被试新掌握的量词分成两类，一类是在续写中使用过的（即"读加写"），另一类是未在续写中使用的（即"读后未写"）。这两类量词在后测、延后测中的分布情况如表8.3所示。

表 8.3 续写中是否使用量词对量词学习效果保持影响的比较

单位：个、%

项目	读加写	读后未写
后测总正确数/平均	63/4.20	82/5.47
延后测总正确数/平均	50/3.33	48/3.20
下降率	20.63	41.46

从表8.3可以发现，虽然"读加写"和"读后未写"使用的量词数量相当，但"读加写"的量词保持效果要显著优于"读后未写"。其中，"读加写"使用的量词在一周后的延后测试中下降了20.63%；"读后未写"使用的量词下降了41.46%，是前者的2倍。换言之，在续写中使用过的量词保持效果显著提高。

8.4 分析与讨论

本章旨在考察仅包含视觉模态的阅读输入任务和包含视写模态的读后续写任务对汉语二语者量词习得质量的影响。实验结果表明，包含视写模态的读后续写能够显著促进汉语二语者对量词的习得；并且，这种促进作用在一周后仍得以保持。虽然单纯的视觉阅读输入任务也能提高量词学习的质量，但其延时保持效果明显不如读后续写任务。由于学习保持效果是衡量学习质量更为重要的指标，可以认为读后续写任务的促学效果优于单纯阅读任务。下面我们对以上结果做进一步分析阐释。

无论是读后续写还是单纯阅读任务，均为量词的使用提供了恰当的语境。而语境对启动量词的正确使用具有重要作用。汉语二语者名量词学习的主要问题在于名量搭配不当（Gong，2010；Zhang & Lu，2013；伏学凤，2005），这归根结底是由于学习者没能将名量词与恰当的名词语境黏合。当学习者无法将目的语中的某个语言项目贴上目的语的语境标签时，大脑中存储的母语语境信息则会被激活，造成所学的目标语结构与母语语境知识相结合，引发母语负迁移或干扰（王初明，2016a）。具体到汉语量词学习，当缺乏恰当的汉语搭配语境时，则可能出现两种情况的母语负迁移：一种是受母语中量词用法的影响，将母语中的对应量词迁移至汉语中，如有的学习者的汉语中介语中会出现"*一张衣服"（印尼学习者）、"*一幅信"（越南学习者）、"*一枚纸"（日本学习者）等错误形式，这种情况主要出现在母语也是量词语言的学习者身上；另一种则是遗漏量词，这种情况多发生在母语为非量词语言的学习者身上。要想解决上述问题，最好的途径便是让学习者在上下文语境中学习量词。一旦学习者通过语境将量词与名词黏合在一起，犯错的概率便会大大降低。视写组和视觉组的阅读材料均为被试提供了量词使用的语境，学习者能从文本中学习正确的名量搭配形式。因此，与对照组相比，两种任务均对提高量词使用质量起到了显著的促进作用。

但是，从延时测试来看，视写组被试量词学习的保持效果要显著优于视觉组被试，可见读后续写比单纯阅读任务的促学效果更明显。这一结果验证了顾曰国（2007）所提出的"当输入和输出发生模态转换时，学习者对所学内容的内化度会增强，从而提高内容记忆的持久性"的假设。为何读后续写更具促学优势？从认知加工的一般规律出发，学习效果能否得到较好的保持取决于认知加工的深度（Craik & Lockhart，1972）。读后续写通过输入和输出两种方式进行加工，其加工深度远超过单纯阅读任务，因此获得了更好的学习保持效果。更重要的是，读后续写包含了互动协同因素，这是其优于单纯阅读任务的本质原因。

具体来说，读后续写任务使学习者与阅读文本之间产生了互动，进而产生协同效应，拉平了理解和产出之间的差距。可以说，互动是协同效应产生的前提，协同则是互动的必然结果。并且，已有证据发现互动的强度决定了协同效应的强度。如肖婷（2013）发现，同样是读后续写，但若保留前读材料供被试续写时回读和参考，被试的续写质量会显著优于回收前读材料时的续写质量。王初明（2015）也发现，学习者续写的质量与其文本互动频率（回视次数）有直接关系。这均说明保证充足的与文本互动的机会能获得更好的学习效果。本研究中被试需要在续写中描述自己的房间与文本所述房间的异同，这促使其在续写时必须反复回视材料（如文本中有哪些物品、各种物品摆放的位置等）。在这种不断回读、比较的过程中，学习者与阅读文本频繁互动，理解各种量词的意义和用法，并努力模仿它们的用法来描述自己的房间，从而提高了量词的输出质量。学习者在续写中使用过这些量词后，其记忆的深度会明显增加。这从续写中用过的量词与未用的量词的保持效果对比情况（表8.3）中便可得到证明。

从互动到产生协同，最重要的一环是对阅读材料有充分理解。只有当学习者理解了阅读材料的内容，才可能学以致用。互动强度之所以影响协同强度，原因也在于频繁的互动有助于加深学习者对输入的理解。为进一步保证输入的质量，本实验通过文本和图片两种不同的视觉模态进行输入强化。根据双重编码理论，当文字和图片同时进行加工时，可以获得更好的加工质量。我们在第4章的研究结论也表明，图文多模态输入有助于提高二语学习的质量。本实验中，虽然视觉组被试没有接受续写任务，但依然获得了显著的促学效果，这可能也与我们采用了文字与图片相结合的图文多模态输入强化有关。

此外，读后续写任务的优势还在于它驱动了学习者的内生表达动力。内生表达动力是指学习者对人、对物或对所发生事件的内在自发反应，表现为产生想法、萌生交际意愿、激起交际需要、引发语言表达冲动（王初明，2014）。以往的二语习得研究更侧重从认知加工的角度进行探讨，但近年来越来越多的学者注意到学习者自身情感因素（如动机、态度等）对语言习得质量的影响（Laufer & Hulstijn，2001）。一项好的语言学习任务不仅需要符合大脑认知加工的规律，还应能够激发学习者内在情感动力，引发表达冲动。一旦学习者的内生动力被激发，便会主动利用各种语言资源以表达其思想内容。在读后续写任务中，学习者续写的内容需要自己创作，因此能够驱动其内生表达动力。当学习者有表达的欲望，且前读文本又为其提供了可直接利用的语言表达形式时，学习者自然会学习模仿有用的表达形式，协同现象自然产生。在本实验中，续写的要求是描述自己房间与文本所述房间的异同，虽然该任务允许学习者发挥想象的空间不大，但由于是与其生活息息相关的熟悉话题，只要学习者愿意表达，同样可以驱动其内生表达动力。此外，这种对比续写任务具有另一个优点，它能够避免学习者随意脱离阅读材料任意发挥，进入自己的表达"舒适区"。本实验中学习者要想在续写中说清楚房间布置的差异，就必须紧密联系阅读文本，时刻"戴着脚镣跳舞"。这便迫使其在最大程度上注意前文中描述物品所用到的量词。而注意正是语言习得的重要前提（Schmidt，1990），只有当学习者注意到相关的语言形式，才可能进一步理解加工，进而协同产出并最终习得。我们注意到王启、王凤兰（2016）的研究发现，虽然读汉续汉任务有助于提高多项句法结构的正确率，但对量词学习的效果却不明显。这可能与其续写任务与本实验的续写任务类型不同有关。在他们的实验中，被试要求对两个故事的情节进行续写，由于使用量词并非其完成后续故事情节描写的关键因素，学习者不一定能够注意到前读文本中量词的用法，所以在续写文本中量词的使用质量提高并不明显。而本实验是对房间布置的对比续写，学习者对前读文本中量词的注意程度更高，在随后的续写任务中使用也更频繁，因此学习效果显著。这也从另一个侧面证明，后续的续写输出任务在多大程度上能促使学习者调用和模仿前文的语言项目决定了该语言项目习得的效果。

8.5 本章小结

本章通过一项教学实验证明了包含输入输出模态转换的视写任务（即读后续写）比仅包含输入模态的阅读任务更有助于提高汉语二语量词的学习效率。这一促学优势主要是由读后续写中包含的互动协同引起的。它利用了语言理解能力高于产出能力的不对称关系，通过为学习者提供丰富语境的阅读文本并要求其合理续写，使语言输入和输出巧妙地紧密结合起来。学习者在续写任务的驱动下产生了内生表达动力和交际意图，主动与输入文本互动，进而引发协同效应，拉平理解与产出的差距。从这个意义上讲，读后续写中的"续"是"拉平"的引擎（王初明，2016b）。

在设计读后续写任务时，应注意以下问题：

首先，阅读文本需符合学习者语言水平。协同效应产生的前提建立在学习者对文本充分理解的基础上。如果阅读文本太难，学习者无法理解文本语言和内容，则难以模仿，协同效应也无从产生。

其次，可通过多模态的手段进行输入强化。除了传统的文字输入外，还可以通过图片、音频、视频等手段帮助提高输入的质量，为后续的协同产出做准备。

再次，需保证学习者在续写过程中与输入文本进行频繁互动。本实验中，我们通过对比续写来实现这一目的。在今后的研究中，针对不同的文本体裁和内容，还可以考虑从文本情节、段落结构等方面进行合理设计，以确保学习者在续写过程中与阅读文本紧密互动。

最后，阅读文本应有趣或与学习者生活体验相关。有研究发现，续写有趣的故事所产生的协同效应明显高于续写乏味的故事（薛慧航，2013）。如果文本内容乏味，学习者便会失去表达动力，后续续写质量必然下降，协同作用自然大打折扣。

第 9 章　视写与视说多模态任务对汉语二语量词学习的影响

9.1　引　言

在上一章中，我们通过一项教学实验证明了包含输入输出模态转换的视写任务（即读后续写）比仅包含输入模态的阅读任务更有助于提高汉语二语量词的学习效率。这检验了王初明（2012、2014、2016b）提出的高效的二语学习任务要有输入和输出模态的转换，以增强输入与输出互动的观点。包含输入输出互动转换的任务形式多样，如读后续写、读后续说、听后续写、听后续说等含有"续"的任务都体现了输入输出多模态转换任务的特点。

现有的一些实证研究结果也表明，含"续"任务能够提高二语习得的质量。例如，Wang 和 Wang（2015）、Zhang（2017）、王敏和王初明（2014）发现，读英续英任务能够显著减少英语二语学习者英语表达的偏误。姜琳、涂孟玮（2016）的实验结果则表明，相较于概要写作，读后续写能更有效地促进英语二语词义、用法等方面的习得。刘艳、倪传斌（2018）通过视听续说实验初步验证了续说在提高英语二语学习者口头表达语速、语流长度、词汇复杂度等方面的优势。王启、王初明（2024）则证明在读后续说任务中学习者口语产出的句法结构与所提供的阅读文本句法结构产生了协同，由此推断该任务具有明显的促学潜力。含"续"任务在汉语二语学习中的促进作用也得到了一些实验的支持。例如，王启和王凤兰（2016）、王启（2019）、Wang 和 Hong（2021）均发现，通过读后续写能够显著降低汉语二语者写作产出中的词汇语法偏误。

由此看来，包含输入输出模态转换的含"续"任务确实能够对二语学习起到积极促进作用。然而，目前的研究大多仅考察特定某类包含多模态转换任务的促学作用，并未对比不同类型的多模态转换任务在学习效果上的差异。王初明、王启（2025）的一项最新研究关注到了读后续写和读后续说任务的促学效果差异，但该研究仅就二者与阅读文本的协同强化和续作质量进行了对比，未进一步考察协同作用的保持与迁移效果，且该研究针对的是英语二语学习。因此，本研究选取了两类常见的多模态转换任务——读后续写（视写转换）与读后续说（视说转换）作为考察对象，探究两类任务在汉语二语名量词学习中的有效性，并对比二者在促学作用上是否具有显著差异，以期进一步促进汉语二语名量词的教学。

9.2 研究方法

9.2.1 研究问题

本实验具体探讨以下两个问题：

（1）视写任务（读后续写）、视说任务（读后续说）两类输入输出多模态转换任务是否比单纯的图文阅读输入任务更有利于汉语二语名量词的习得？

（2）视写（读后续写）和视说（读后续说）这两类多模态转换任务对量词的促学效果是否存在差异？

9.2.2 被试

南方某高校的 46 名中级汉语水平的成年留学生作为被试参与了本实验。这些被试来自印尼、韩国、俄罗斯、泰国等 20 个国家和地区，他们在实验前一个月刚参加了入学分班考试，成绩达到了 HSK 四级水平。实验时，被试被随机分为三个组，每组分别接受一种量词学习任务，即图文阅读、读后续写、读后续说，每组人数分别为 16 名、15 名、15 名。其中 3 名被试因未能完整地完成所有实验流程而被剔除，故最后进入数据统计分析的有效被试为 43 名，其中图文阅读组（对照组）15 名，读后续写组（视写组）15 名，读后续说组（视说组）13 名。

9.2.3 实验材料与测试工具

本章实验材料与第 8 章类似，为一篇描述房间的短文，全文约 400 字，共包含了 27 个不同的名量搭配结构，除去万能量词"个"和不定量词

"些"等个别量词外,其余 24 个名量搭配为本研究的目标结构,具体如下:
　　一把雨伞、一杯咖啡、一串钥匙、一床被子、一袋饼干、一顶帽子、一堆书、一幅画、一盒巧克力、一件衣服、一卷纸、一块手表、一面镜子、一盘水果、一盆花、一瓶水、一扇窗、一双鞋、一台电脑、一条毛巾、一盏灯、一张床、一支笔、一只猫(按量词音序排列)

每个名量搭配在文中均只出现一次。此外,为了加强理解,我们还根据短文所描述的房间布置制作了对应的房间图片(短文和图片参见附录 3)。

对名量词的考察采用看图填词的形式,共 24 题,对应 24 个实验量词,如图 9.1 所示。

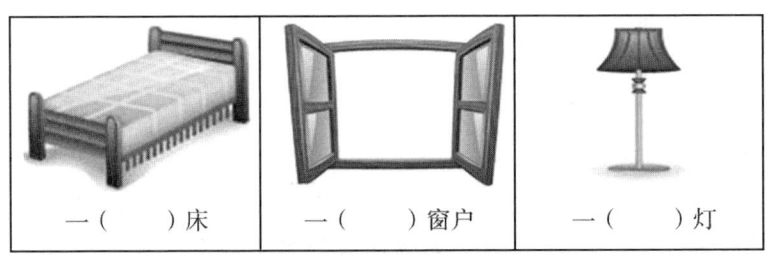

图 9.1　看图填量词测试题示例

测试题共分为三套,分别用于前测、后测和延后测(下文称测试题一、测试题二、测试题三)。三套题形式、内容相同,但题目呈现顺序不一致,以消除顺序效应。被试每填对一个量词得 1 分,满分为 24 分。如不会写汉字,被试可用拼音代替。

9.2.4　实验程序

实验分为四个阶段,即前测、教学处理、后测和延后测。

(1)前测阶段。为了获得被试对 24 个名量词的初始掌握情况,在教学处理前,我们先对各组被试进行前测,要求被试完成量词测试题一,时间为 10 分钟。测试后主试收回测试题。一周之后,三组被试接受各自的教学处理。

(2)教学处理阶段。对照组要求被试阅读一篇带有图片的关于玛丽房间的短文,时间一共 20 分钟。视写组要求被试在同样时间内阅读该篇短文,随后给出过渡句"我的房间和玛丽的房间不一样",要求被试对比续写一篇描写自己房间的文章,续写时间为 30 分钟。续写过程中被试可以参看短文和图片。视说组被试同样要求先用 20 分钟阅读该篇带图片的短文,随后要求被试口头描述自己房间与玛丽房间的差异,时间 30 分钟(包括准备和正式口述环节)。续说过程中被试可以参考短文和图片,主试对续说内容进行录音并在结束后将续说内容转写为文字。在续写或续说结束后,主试回收图片和短文材料。

(3)后测阶段。教学处理结束后随即进行后测,要求被试完成量词测试题二,时间为 10 分钟。测试完成后,主试收回测试题。此后一周内主试不再对 24 个量词进行任何形式的复习。

(4)延后测阶段。一周后对三组被试进行延后测,要求被试完成量词测试题三。时间同样为 10 分钟。测试完成后,主试收回测试题。

9.3 实验结果

分别统计对照组、视写组和视说组被试在前测、后测、延后测中的平均得分,结果如表 9.1、图 9.2 所示。

表 9.1 三组被试在前测、后测、延后测中的平均得分　　　单位:分

组别	前测	后测	延后测
视写组	9.20(3.43)	18.87(3.87)	15.73(4.53)
视说组	9.54(3.31)	16.62(5.01)	16.31(3.97)
对照组	8.93(2.60)	16.93(4.37)	13.00(3.40)

说明:满分为 24 分,括号内为标准差(SD)。

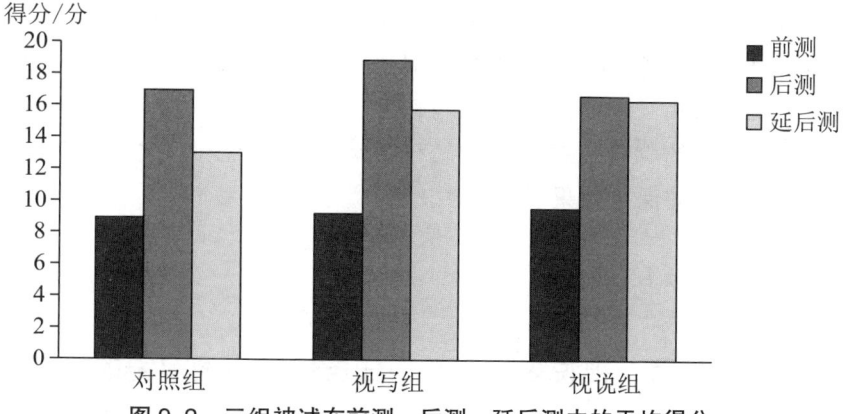

图 9.2　三组被试在前测、后测、延后测中的平均得分

对以上结果进行 3(组别)×3(测试时间)的重复测量方差分析。数

据满足球形检验，$p=0.915$，因此无需对结果进行校正。

方差分析结果表明：组别的主效应不显著，$F(2, 40) = 1.088$，$p=0.347$；测试时间的主效应显著，$F(2, 80) = 99.541$，$p<0.001$。组别和测试时间的交互效应接近显著，$F(4, 80) = 2.304$，$p=0.065$。这表明在不同测试时间点，三种教学处理的成绩差异表现可能有所不同。

为此，我们进行简单主效应分析，进一步考察在前测、后测、延后测三个时间点上接受不同教学处理的三组被试的成绩差异。结果发现，在前测中，组别的简单主效应不显著，$F(2, 40) = 0.130$，$p=0.878$；在后测中，组别的简单主效应也不显著，$F(2, 40) = 1.110$，$p=0.341$；但在延后测中，组别的简单主效应达到边缘显著，$F(2, 40) = 2.830$，$p=0.071$。事后多重比较结果显示，视说组的成绩显著好于对照组（$p=0.035$），视写组的成绩也好于对照组，二者成绩差异接近显著（$p=0.068$），但视写和视说组之间的成绩则没有显著差异（$p=0.706$）。

此外，为了考察每组被试在后测、延后测中的成绩是否均显著高于前测成绩，我们进行了另一个方向的简单主效应分析。结果表明，三组被试在不同测试时间点上的成绩差异均显著［图文：$F(2, 80) = 31.130$，$p<0.001$；续写：$F(2, 80) = 47.320$，$p<0.001$；续说：$F(2, 80) = 26.97$，$p<0.001$］。事后多重比较结果显示，三组被试后测、延后测成绩均显著高于前测（$ps<0.001$），但对照组、视写组被试的延后测成绩与后测成绩相比均出现显著下降（图文：$p<0.001$；续写：$p=0.003$）。对于视说组，延后测成绩与后测成绩则没有显著差异（$p=0.775$）。

上述结果回答了本研究提出的两个问题：第一，虽然图文阅读、读后续写和读后续说三种任务都能够显著促进汉语名量词的习得，但相较于单纯的图文阅读输入，读后续写的视写任务、读后续说的视说任务更有助于名量词习得效果的保持；第二，相较于读后续写的视写任务，读后续说的视说任务对量词的保持效果更好。

9.4 分析与讨论

9.4.1 视写、视说多模态转换任务促进量词习得的机制

实验结果表明，在延后测中视写组和视说组被试的量词学习成绩均显著高于对照组被试的成绩，这表明读后续写、读后续说这两种包含多模态

转换的视写、视说任务比仅包含输入模态的图文阅读任务更有助于汉语二语者名量词的习得。我们认为，这主要是由于读后续写、续说任务同时满足了交际意图驱动、语境相伴、理解与产出结合、互动协同等四个高效促学语言的关键因素（王初明，2016a）。

首先，包含输入输出模态转换的视写、视说任务能够激发学习者的交际意图，进而激发内生表达动力。学习语言的目的在于满足交际意图，一旦有了交际意图，表达动力随即被唤起，学习者便会设法寻找各种手段以帮助自己顺利输出。具体到本实验中的读后续写、读后续说，由于任务要求被试在阅读后写出或说出自己房间布置与文中房间布置的差异，话题内容是学习者所熟悉的，容易让学习者产生表达动力。而在内生表达动力的驱动下，学习者会更加注意模仿和吸收短文中用以描述房间布置的各种名量搭配用法。可见，续写或续说任务能够提高学习者对量词的注意程度，而注意则是习得的前提，唯有被注意到的语言点才有可能被学习者进一步吸纳并习得（Schmidt，1990）。

其次，本研究中的视写、视说任务中包含了丰富的语境。语境在二语学习中起着至关重要的作用，它不仅能促进语言理解，并且能够启动语言使用（王初明，2016a）。事实上，语境对于量词学习的作用在本实验的对照组被试表现中已得到体现。虽然实验中对照组被试没有进行随后的续写或续说任务，但对照组的图文阅读任务已为学习者提供了量词使用的丰富语境，使其更容易理解各种名量搭配的意义。因此，该组被试在后测、延后测中量词测试成绩均显著优于前测中的量词测试成绩。对于接受了视写（读后续写）、视说（读后续说）任务的被试而言，前文的语境不仅促进了被试对名量搭配的理解，使其在大脑中能够将不同名量词黏合上了正确的语境标签，而且前文语境还为后文的表达搭建了"支架"，有助于被试在续写或续说中激活正确的名量搭配形式。

再次，视写、视说任务使得输入和输出得以紧密结合。王初明（2009、2016a）指出，遵循学伴用随原则是高效学习外语的关键。所谓学相伴，就是要在丰富语境的伴随下理解所输入的语言；所谓用相随，则是要在理解输入之后进行输出，体验语言的使用。只有当学习者在语境相伴下理解语言的用法并在表达自己创造的内容时真正地模仿运用，即做到学用结合，才能使学习效率最大化。视写（读后续写）、视说（读后续说）任务很好地贯彻了学伴用随原则。如在本实验中，学习者需要进行对比续写或续说，因对比的主要是内容，故表达内容的语言形式更容易在续写或续说时模仿使用出来（王初明，2018），从而获得输出的成就感，加深理解记忆的深度。

最后，读后续写、读后续说这两类视写、视说任务实现了与文本的互动协同，提升了学习者语言输出的能力。与人际对话互动产生的双向互动协同不同，读物与语言学习者之间的互动属于单向互动，强度稍弱（王初明，2014）。而互动强度又往往决定了协同的程度。为了增强互动强度，需要设法增强读物与学习者个体之间的互动。在读后续写、续说任务中，为了使续写、续说的文本与前文具有连贯性，学习者需要紧密联系前文，这便强化了理解与输出的互动。尤其是在本实验中，我们采用了对比续写、续说的方式，要求学习者对自己房间和前文中描述的房间进行对比，促使其输出过程中必须反复与原文对照，确保与文本进行频繁的互动。以往一些研究（如王启、王凤兰，2016）未发现续写任务对量词的促进作用，一方面与量词本身学习难度大有关，另一方面则很可能与续写任务的设置有关。在王启、王凤兰（2006）的实验中，续写的是两个故事的内容情节，学习者很可能将注意力放在了情节的合理性方面，未能充分注意到量词的用法，因此互动协同的效果较弱。本研究对房间的对比续写凸显了量词的使用，学习者很容易注意到短文中相关的名量搭配用法，因此能产生很强的协同作用。

9.4.2 视写、视说多模态转换任务学习效果差异

从总体上来看，视写（读后续写）与视说（读后续说）两种多模态转换任务对名量词学习效果的影响差异并不显著，二者学习效果相当。其原因可能在于无论是读后续写还是读后续说，都具备上述提到的促进二语学习的关键因素，二者都能在创造内容的过程中激发交际意图，都伴有丰富的语境，都实现了语言理解与语言输入的紧密结合，进而引发了互动协同效应。在实验操作过程中，两组被试可用的输入和输出的时间均较充裕（阅读时间20分钟，续写或续说时间30分钟），且在进行续写或续说准备和产出过程中，被试均可反复回看原文进行比较、模仿，这保证了两组被试都能在任务中实现输出和输入的紧密互动，从而有效促进名量词的习得。

然而，实验结果也发现，上述两种多模态转换任务的学习效果也存在一定差异。具体而言，接受视写任务的被试延后测量词成绩与后测成绩相

比出现了显著下降，而接受视说任务的被试量词成绩在延后测中下降并不明显，学习效果得到了较好的保持。这一方面可能是由于读后续说相较于读后续写具有更大的交际压力，这迫使学习者与阅读文本产生更紧密的互动，进而产生更强的协同效应（王初明、王启，2025），因此长时保持效果更好；另一方面，我们认为这可能与被试完成两种任务时的认知负荷分配不同有关。由于人的认知负荷总量有限，当学习任务同时要求学习者进行多方面的认知加工时，认知资源就会被分散到不同的认知加工中（Sweller，1988）。在读后续写过程中，被试的认知资源需要分配在语篇组织、语言形式使用（如名量搭配）和汉字书写等方面，而汉字书写对于大多数汉语二语者而言难度较大，因此在续写过程中字形书写所占用的认知资源较多，这可能挤占了被试对名量搭配形式的加工资源，使名量搭配的长时记忆受到一定的影响。在读后续说任务中，由于被试不需要进行汉字书写，被试能将更多的认知资源投入语篇组织和量词搭配学习中，量词学习的保持效果更好。

另外，值得注意的是，在具体实验任务完成过程中，虽然视写组和视说组被试均有 30 分钟的输出时间，但实际上视说组被试大多在 15~20 分钟时便完成了续说任务，而视写组被试由于需要进行汉字书写，大多被试需要用足 30 分钟才能完成续写。因而从时间投入成本上考虑，视说组的读后续说任务似乎比视写组的读后续写任务更优。但是，读后续写也具有其独特的优势。续写中需要进行汉字加工，这有利于学习者对量词字形的学习。从被试在后测和延后测的答题中发现，接受视写任务的被试答题时用汉字正确书写出量词的平均比例接近 90%；接受视说任务的被试则使用了更多的拼音代替，汉字书写率仅为 78%。因此，如果考虑字形上的协同作用，则读后续写这类视写任务的优势更大。

9.5　本章小结

本章在上一章基础上，通过另一项教学实验进一步对比了视写（读后续写）和视说（读后续说）两类多模态转换任务对汉语二语名量词学习的影响。实验结果发现：接受视写、视说任务的被试的名量词学习成绩均显著好于接受无模态转换的图文阅读任务的被试，这说明输入和输出相结合的多模态学习任务能更好地促进汉语二语者名量词的习得。更重要的是，本研究还发现读后续写和读后续说这两类视写、视说任务在量词的促学效果上整体差异并不显著，但两者各有优势：视写任务更有助于提高量词的书写水平；视说任务则有利于量词学习效果的保持，且教学操作中时间成本更低。

本实验证明了视写（读后续写）、视说（读后续说）这两类多模态转换任务在名量词学习中的有效性及差异性，这对于其他语法项目的教学也有积极意义。在进行练习任务设计时，应体现输入和输出的互动，除了采用读后续写、读后续说外，还可以根据教学目的采用诸如听后续写、听后续说等多种形式的多模态转换任务。总之，只要在任务中能够激活学习者表达意愿，且能够实现输入和输出的有效互动，便有可能产生协同，提升学习者语言产出的水平，达到高效促学的目的。

第 10 章 听觉单模态与听说多模态对汉语二语听力理解的影响

10.1 引　言

　　正如前文所述，输入输出模态转换的效果取决于输出任务是否符合二语习得的关键特征（如是否具有语境融入、是否能产生互动协同等）以及任务的时序安排是否合理（如是听说同步还是先听后说）。在第 8 章中，我们发现，读后续写任务符合互动协同等促进二语习得的关键特征，且输入输出任务分为两个阶段，不会造成认知负荷过载，因此具有显著的促学优势。相反，在第 7 章，同步跟读输出任务不符合促进习得的关键特征，且输入输出任务同时进行，超过了学习者的认知负荷，因此无法产生促学作用。在本章中，我们将进一步检验输入输出模态转换任务的学习效果。在前两章中，我们主要观察的是模态转换任务对语言要素（如词汇、句法结构）学习的影响。本章将重点探讨多模态转换任务对语言技能习得的作用。具体而言，我们将对比单纯输入的听觉模态和输入输出结合的听说多模态任务对汉语二语学习者听力理解的影响。

　　目前的听力教学理论与实践大都十分强调可理解输入（comprehensible input）和输入的频率。对可理解性和输入频率的强调有合理之处。如 Krashen（1985）的"输入假设"（input hypothesis）认为，语言的习得是靠获得大量足够的可理解输入并设法对其进行理解实现的。Ellis（2002）也特别强调语言输入频率的作用，认为学习者是通过语言输入中不断出现的范例来提取出可能的语言模式。虽然可理解输入和输入频率具有十分重要的作用，但仅依靠大量输入是否能够实现高效的语言教学？不少学者对此提出了质疑。如 Swain（1985）首先注意到，一些儿童在接受多年二语沉浸式教学后，二语水平仍然没有多大提高。她认为这主要与学习者缺少产出二语的机会有关。她据此提出了"输出假设"（output hypothesis）。该理论虽然也承认二语习得中的输入是必不可少的条件，但强调输出在二语习得中具有同样重要的地位。Swain（1995）认为，输出具有三个功能，即注意、验证假设和元语言功能。Long（1983）的"互动假设"（interaction hypothesis）也强调进行输入与输出的互动调整可提升可理解输入的效果。近年来兴起的一系列理论模式，如 Atkinson 等（2002、2007）所倡导的社会认知模式（sociocognitive approach）、王初明（2016）提出的续理论均指出互动协同在二语学习中的重要性。但以上理论探讨主要是针对二语词汇句法的学习提出的，而在二语听力教学中，能否通过输入输出相结合的多模态任务提高学习者的语言理解效率值得探讨。基于以上研究背景，本章拟通过一项实证研究对比考察听觉单模态任务和听说结合的多模态任务对汉语二语听力文本理解的影响。

10.2 研究设计

10.2.1 研究问题

（1）只通过增加听觉输入频率的方式是否能有效提高听力理解水平？
（2）采用听说结合的多模态任务是否有助于提高学生听力理解的水平？
（3）如何配置听说结合的多模态任务使听力理解的效果最好？

10.2.2 被试

被试为中国南方某重点高校汉语初级班的 45 名留学生，分别来自越南、韩国、印尼、土耳其、日本、泰国、老挝、尼泊尔、秘鲁、巴拿马、哥斯达黎加、约旦、尼日利亚、几内亚、赞比亚等国。所有被试入学时均为零起点，实验时学习汉语的时间为 5～7 个月。所有被试随机分为三组，每组15 人。

10.2.3 实验材料

本研究实验材料为一篇 197 字的听力短文材料（附录 4），短文按照《高等学校外国留学生汉语教学大纲》（长期进修）初等阶段的要求，以140 字/分的速度朗读录制。朗读者为一名普通话水平测试达到一级乙等的男性母语者。为了保证可理解输入，我们对短文中生词难度做了严格控制，所有生词均为初级词汇（甲级、乙级词）。

10.2.4 实验程序

实验在一间安静的语音教室里进行。要求每名被试在认真听完短文录音后，尽可能准确、完整地复述短文内容。在听短文的过程中，允许被试按照自己的方式做笔记；复述时被试可以参考笔记，每次复述的时间不超过 3 分钟。

每名被试单独进行实验。第一组被试接受听觉单模态输入任务，被试在连续听完 4 遍短文后通过复述考查输入后的理解水平。第二组被试接受第一种形式的输入输出相结合的听说多模态任务，被试先连续听 3 遍短文后进行第 1 次复述；然后再听第 4 遍短文，进行第 2 次复述。第三组被试接受第二种形式的输入输出相结合的听说多模态任务，先听 2 遍短文后进行第 1 次复述；听第 3 遍短文后进行第 2 次复述；最后再听第 4 遍，进行第 3 次复述。即：

第一组（听觉单模态组）：输入 4 遍→输出；

第二组（听说多模态组 1）：输入 3 遍→第 1 次输出→输入 1 遍→第 2 次输出；

第三组（听说多模态组 2）：输入 2 遍→第 1 次输出→输入 1 遍→第 2 次输出→输入 1 遍→第 3 次输出。

所有复述经录音后转写成书面文字，并进行数据分析。

10.2.5 评分标准及过程

根据短文的内容，我们将其切分为 16 个信息点，每个信息点都按照五级评分制（0、0.5、1、1.5、2 分）进行评分，满分为 32 分。评分标准主要考虑信息的完整性和准确性两个方面。下面以信息点【3】为例说明评分标准。

原文：有一次，王兰请大卫去参加她的生日晚会。

0 分：完全缺失该信息点或基本无法表达该信息点内容。如：

王……、大卫……生日，一起去。/王兰、大卫一起玩。

0.5 分：能复述出信息点的部分内容，但内容不够准确，有较多信息遗漏。如：

有意思，王兰和大卫晚会。/王兰想参加晚会。

1分：能复述该信息点的部分内容，且内容基本准确，但仍有信息遗漏。如：

王兰请大卫去她的家。/王兰请大卫一起去晚会。

1.5分：能比较完整、准确地复述出信息点的内容，信息遗漏较少。如：

王兰请大卫去，因为有生日晚会。/有一次，王兰请大卫参加一个晚会。

2分：能完整、准确地复述出信息点，无信息遗漏。如：

有一次，王兰请大卫参加她的生日晚会。/王兰生日，她请大卫去参加生日晚会。

为了使评分尽量客观，我们对评分过程进行了较为严格的控制。首先，由两名教师单独为每位被试复述的信息点逐一进行打分。评分完成后，我们对两名教师评分的一致性进行了 Kappa 检验。结果显示，两名教师的评分具有较高的一致性（$Kappa = 0.658$，$p < 0.001$）。为了进一步降低误差，我们将两名教师对某一信息点的评分差距超过两个等级（包括两个等级）的项目抽取出来进行讨论并最终确定这些项目的得分，对于某一信息点评分差距在一个等级以内的，求出二者的平均值作为该信息点的得分。最后将16个信息点分数相加，得到当次复述的总得分。

10.3 实验结果

10.3.1 输入频率对听力理解成绩的影响

短文要点的复述成绩可以看作听力理解的水平。比较第一组复述（输入4遍后）、第二组第1次复述（输入3遍后）以及第三组第1次复述（输入2遍后）的成绩，可以呈现出不同输入频率对听力理解水平的影响。结果如表10.1和图10.1所示。

表10.1　输入频率对听力理解成绩的影响　　　　　　　　单位：分

输入频率	2遍	3遍	4遍
平均成绩	17.80（4.77）	18.30（3.60）	20.50（3.57）

说明：括号外为平均成绩，满分为32分；括号内为标准差（SD）。表10.2同此。

第 10 章　听觉单模态与听说多模态对汉语二语听力理解的影响

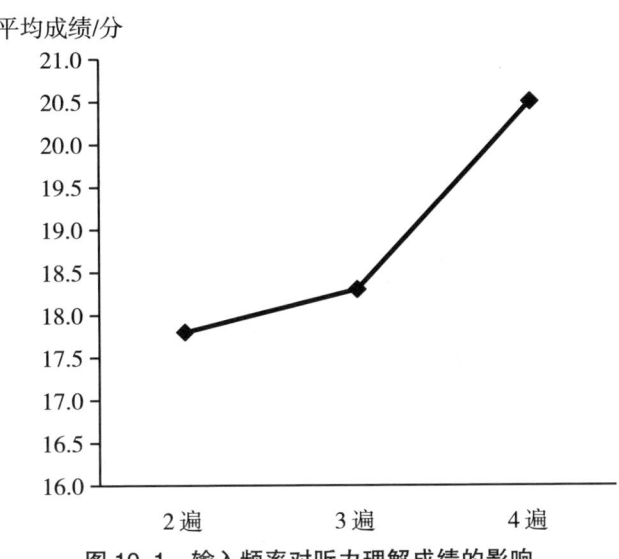

图 10.1　输入频率对听力理解成绩的影响

从表 10.1 和图 10.1 中可以看出，随着输入频率的增加，听力理解的成绩随之上升；但成绩上升的幅度不同，从第 2 遍到第 3 遍理解成绩上升缓慢，仅提高了 0.5 分，从第 3 遍到第 4 遍理解成绩上升加快，提高了 2.2 分。我们对数据进行单因素方差分析。结果显示，输入频率的主效应并不显著，$F(2, 44) = 1.915$，$p = 0.160$。事后多重比较发现，输入 2 遍和输入 3 遍之间的差异很不显著，$p = 0.735$；输入 3 遍和输入 4 遍之间的差异也未达到显著水平，$p = 0.147$；比较输入 2 遍和输入 4 遍的成绩，后者有较大幅度的上升，二者差异达到临近显著水平，$p = 0.073$。

本实验的结果与 Suenobu 等（1986）的报告同中有异。相同的是，Suenobu 等人的研究也发现随着输入频率的增加，听力理解量也随之上升。不同的是，Suenobu 等人发现随着输入频率的增加，理解量的增幅呈现递减趋势。我们的实验结果发现理解量的增幅呈递增趋势（听 3 遍与听 4 遍之间理解量的增长幅度高于听 2 遍与听 3 遍之间的增长幅度）。两个研究结果看似矛盾，其实不然，二者正好反映了信息加工速率变化的动态过程。处于信息加工初期时，一些难度较大的信息点仅通过增加 1 次输入很可能仍无法得到有效加工，需要增加 2 次甚至更多次的输入才可能使信息加工得到较明显的促进。当信息加工达到一定程度后，其速率便会下降。Suenobu 等人甚至推测，当达到一定的遍数以后，对材料的理解量就不会再增加了。由此可见，输入频率和理解水平之间不是简单的正比例关系；输入频率要达到一定频度才可能带来理解成绩的较大提高，我们也许可以通过别的途径来提高理解水平。

10.3.2 输入输出多模态任务对听力理解成绩的影响

三个实验组中，第一组被试连续听 4 遍短文后进行一次复述，该复述任务的目的在于认定听力理解成绩，并不包含在训练过程当中，因此第一组可视为纯粹的听觉单模态组；第二组和第三组不同程度地增加了输出任务，可视为听说多模态组，其中第二组（听说多模态组 1）在听 3 遍短文后有一次复述任务，第三组（听说多模态组 2）则在听 2 遍和 3 遍后分别有一次复述任务。通过比较三个组最后一次的复述成绩，可以看出三种训练模式的效果。

从表 10.2 和图 10.2 可以看出，三种训练模式下听力理解成绩的高低顺序为：输出 2 次>输出 1 次>无输出。单因素方差分析结果显示：三个组别差异达到显著水平，$F(2, 44) = 5.253$，$p<0.01$。这表明三种不同的训练模式对听力成绩的影响明显。

表 10.2　三种训练模式对听力理解成绩的影响

组别	训练模式	平均成绩/分
听觉单模态组	不输出	20.50（3.57）
听说多模态组 1	输出 1 次	23.77（4.35）
听说多模态组 2	输出 2 次	25.43（4.72）

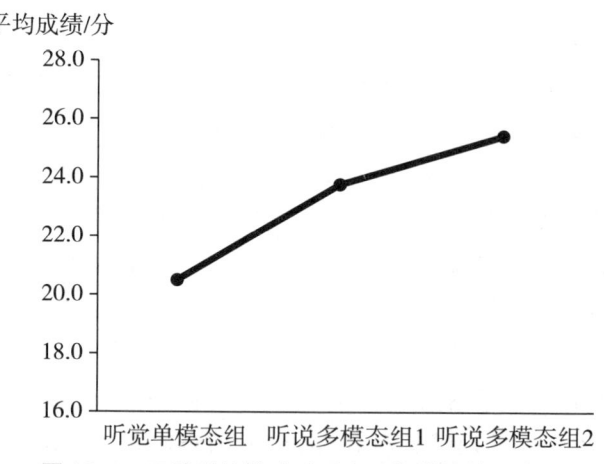

图 10.2　三种训练模式对听力理解成绩的影响

由于三种模式输入频率相同，均为4遍，听说多模态组1与听觉单模态组相比，只增加了一次输出任务，二者最后一次复述成绩的差异可看作由输出任务所引起的。事后检验结果显示，听说多模态组1和听觉单模态组之间理解成绩差异显著，$p<0.05$。这表明听说多模态任务比听觉单模态任务更能有效促进听力理解。

听说多模态组1和听说多模态组2之间的差异在于输出次数的不同，因此，二者最后复述成绩的差异可视为由输出频率影响所致。事后检验结果显示，听说多模态组1和听说多模态组2之间的理解成绩差异不显著，$p=0.288$。这表明输出1次与输出2次这两种听说多模态任务对听力理解的促进作用没有显著差异。

10.4 分析与讨论

10.4.1 听觉模态的输入频率效应

频率是二语学习中的一个重要问题。Ellis（2002）认为，频率是语言习得的关键，因为语言规则来源于学习者终身对于语言输入分布特点的分析。频率作用涉及语言加工和学习的各个方面，人们对不同层次语言现象的处理与加工都需要依赖频率知识。但是究竟多高的频率才能真正起作用？这是值得我们关心的问题。

前人的研究，如Kiewra和Mayer（1991）、Jensen和Vinther（2003）都指出增加听力输入的次数有助于增加理解量。我们的实验结果也证明了这一点，但同时也发现，这种促进作用是有限的。特别是在只增加一次输入时，促进作用很小；在增加两次输入时，理解成绩才有较为明显的提高。这说明输入频率与理解量不是简单的正比关系。词汇习得方面的研究已表明，词频作用的显现可能具有一个"门槛"。如Horst等（1998）研究发现，词语在文本中出现8次才能获得较好的习得效果；Nation和Wang（1999）认为，一个生词需要至少复现10次，这对于词汇学习十分重要。但即使这样，也仍无法保证该词一定被掌握。Hulstijn（2001）根据实验发现，如果仅是多次遇到一个新词而没有进一步的强化，则该词仍旧无法进入长时记忆。虽然词频作用显现的"门槛"究竟在哪里仍未有定论，但大多数学者都承认过低的出现频率似乎促进作用不大。我们认为，听力输入的频率效应很可能也存在一个"门槛"，输入频率必须超过某个限度才能真正发挥作用。有研究认为,听力课上课文输入频率在 3～4 遍为宜（刘颂浩,2001）。就本实验而言,输入 2 遍与输入 3 遍之间的差异并不显著,而输入 4 遍与输入 2 遍在理解量上存在较明显的差异,但由于缺少更高频率的输入,我们仍无法就此确定跨越"门槛"的分界点,还有待进一步深入研究。

10.4.2 听说多模态任务对听力理解的作用

本实验的结果发现,听说相结合的多模态任务能够有效提高听力理解的水平。这是由于输出任务能够促使听者进行更深层次的信息加工。Craik 和 Lockhart（1972）提出"加工深度假说",该假说认为：新的信息是否能够进入长时记忆的关键在于加工的深度（depth of processing）。例如,在加工词的过程中,意义层面的加工要比语音层面的加工深,记忆保存的时间也相应要长。在听力训练过程中,纯粹的被动输入不易达到深层次的加工。输出任务要求学习者对接收信息做出进一步的分析和判断,这有利于学习者在意义层面上进行深加工,从而促进听力的理解。

Laufer 和 Hulstijn（2001）提出的"投入负担假说"（involvement load hypothesis）同样能对我们的实验结果做出解释。他们在"加工深度假说"基础上提出了"投入"的概念,认为信息加工的质量取决于投入程度的高低。投入程度涉及三个因素：需要（need）,查找（search）和评价（evaluation）。具备查找因素和评价因素的投入往往比仅具备需要因素的投入加工效果要好。如果仅仅是输入听力材料,学习者投入的主要是需要因素,即只需了解材料说的是什么；要对输入的材料进行复述,则会涉及查找和评价因素,学习者需要从心理词典中查找合适的词进行表达,这就涉及查找过程；同时,在表达过程中还必须思考内容是否符合逻辑,这就涉及信息的评价。因此,复述任务有助于学习者及时发现理解的重点和难点,并对困难或疑惑加以注意,使得对下一轮输入的加工更加有的放矢。可见,增加输出任务实际上是加大了学习者在听力理解中的投入量,并以此加深对听力内容的理解。

10.4.3 对听力教学的启示

满莉（2005）指出,学生一次听录音的时间不宜超过 15 分钟,若时间过长,就难以集中注意力。学生在身心疲惫状态下的听课效果只会事倍功半,更为严重的是,单调且反复的听力输入会使学生逐渐失去对听力课的兴趣。因此，我们有必要对只强调输入频率的传统听力教学观念做出调整，适当增加一定量的输出任务，以达到更好的教学效果。

那么，输入频率和输出频率该如何协调？就本实验设计的三种模式而言，听说多模态组 2 的训练平均得分最高。但是，正如 Hulstijn（2003）所指出的，每一种设计都必须考虑到付出和收益。虽然听说多模态组 2 的理解成绩最好，但需要进行多次输出，训练时间较长。根据我们实验的结果，两个听说多模态组的成绩在统计上并没有显著差异，听说多模态组 1 比听说多模态组 2 减少了 1 次输出，从付出和收益的角度看，显然听说多模态组 1 的训练方式更为经济。另外，我们的实验证明学习者听 2 遍短文和听 3 遍短文的理解量差异也不显著，因此，可以对听说多模态组 1 的训练方式进行简化。简化后的模式为：先听 2 遍录音，然后就听到的内容进行 1 次复述，最后再听第 3 遍录音。我们认为，这种输入 2 次+输出 1 次+输入 1 次的听力训练模式既能有效提高听力理解水平，又同时兼顾到经济省时原则，有利于实际操作。在听力教学过程中，我们不妨尝试采用这种输入与输出相结合的听说多模态训练模式，以促进学习者听力理解水平的提高。

10.5　本章小结

本章通过实证研究对比了听觉单模态任务和听说多模态任务对汉语二语学习者听力理解成绩的影响。研究结果表明，无论是采取听 4 遍仅复述 1 遍的听说多模态任务还是采取听 4 遍复述 2 遍的多模态任务，其训练效果均显著优于只听 4 遍的单模态任务，两种听说多模态任务的训练效果则没有显著差异。并且，研究结果还表明，听力输入频率与听力理解量之间并非简单的正比例关系，输入 2 遍和输入 3 遍的理解成绩差异并不显著。因此，在教学中，采用输入 2 次+输出 1 次+输入 1 次的听说结合任务是较高效省时的训练方式。

第 11 章　手势对汉语二语者普通话声调感知与产出的影响

11.1　引　言

在前几章中，我们主要讨论了来自视觉、听觉两种不同感知通道的多模态信息对汉语二语学习的影响。在本章中，我们将探讨另一类模态信息——手势，对汉语二语学习的影响。手势对二语学习有着重要的支持作用（Atkinson, 2014）。目前，其他语种的二语学习研究中发现了手势对某些语言要素学习具有促进效应（Kelly, et al., 2009; Khalili, et al., 2014; Gluhareva & Prieto, 2017; Bails, et al., 2022），例如，Bails 等（2022）的研究表明，将体态手势与语音训练相结合，可以更有效地提升学习者的语言发音的准确性和韵律感。但手势对汉语二语学习的影响则未得到充分关注。因此，在本章中，我们拟探讨在汉语普通话声调学习过程中加入手势这类动觉模态信息是否有助于提高汉语二语者声调的感知和产出能力。

汉语普通话声调是汉语二语学习者语音学习中的重点和难点。对母语为非声调语言的学习者而言，由于其缺乏声调感知和产出经验，开始学习汉语普通话声调时存在较大困难；相对而言，母语为声调语言的学习者则很可能受到其母语声调格局的影响而在学习普通话声调时产生负迁移。例如，泰语有五个声调，分别为中平调（33）、低平调（21）、降调（41）、高平调（45）和升调（14），虽然其调值与汉语普通话四个声调的调值均不相同，但由于调形有一定的相似性，会对泰国学习者的汉语声调感知和产出产生影响。如受到中平调（33）、高平调（45）和升调（14）的影响，泰国学习者经常会在分辨普通话的阴平（55）和阳平（35）时出现困难，而在发音上又常常出现"阴平上不去，阳平去声长"的问题（李红印，1995；蔡整莹、曹文，2002）。可见，无论是对母语为非声调语言的学习者还是母语为声调语言的学习者而言，普通话声调都是汉语二语者语音学习的障碍。如何采取有效的方法帮助汉语二语学习者掌握好汉语普通话声调是汉语二语语音教学中亟待解决的问题。

长期以来，汉语二语语音教学（包括声调教学）以讲解和模仿等传统教学手段为主，但这些方法在帮助学习者感知汉语和母语语音特征的差异以及提高对汉语语音区别性特征范畴化知觉能力等方面的作用并不明显（张林军，2010）。因此，近年来一些研究者尝试将知觉训练的方法，如高变异语音训练法（high variability phonetic training）、适应性知觉训练法（adaptive training）等运用于汉语二语声调教学，结果发现这些方法能够显著提高汉语二语者对声调的感知和产出能力（Wang, et al., 1999、2003；孙悦等，2013；邓丹、林雨菁，2017）。还有的研究者则将知觉训练和输出训练相结合，要求被试在知觉训练的基础上进行模仿跟读，以进一步提高汉语二语声调学习的效率（Lu，2015）。如果说知觉训练主要是调用听觉模态刺激来进行声调训练，那么知觉训练与模仿跟读结合的方式则是试图通过综合调用听觉和发音动觉模态来增强训练效果。不过，现有的研究结果表明，这种结合方式似乎并未获得预期效果。如 Lu（2015）对比了只进行知觉训练、知觉训练与输出训练相结合这两种方式对汉语二语者声调感知的影响，结果发现，两种训练方式均显著提高了学习者声调感知的正确率，但二者提高的幅度差异并不显著。

于是，有研究者主张将另一类动觉模态信息——手势引入汉语二语声调教学中。如喻江（2007）指出，在声调教学中，手势可以成为引导记忆训练的最直观、最有效的手段。教师应变成一个指挥家，用手势来带领学生进行发音训练。贾琳、王建勤（2013b）的研究初步证明，相较于只听教师发音并跟读的训练方式，观看教师打手势和听教师发音并跟读的多模态训练方式更有助于提高零起点汉语学习者的声调感知正确率。研究者认为，这是由于教师的手势能够突显声调的调型特征，强化了语音与符号之间的映射关系，使声调范畴符号化。但他们的另一项相关研究则发现，就学习者声调产出而言，观看手势的促进作用并不大（贾琳、王建勤，2013a）。

上述两项有关手势对汉语二语声调学习的研究初步证明了手势这类动觉模态信息可能是提高声调教学效率（至少是声调感知）的有效路径。不过，我们认为，手势对二语者声调学习的作用仍值得继续探讨。首先，现有研究主要考察的是被动观看教师手势的条件下对声调学习产生的影响，学习者自己打手势辅助学习声调的效果则还未得到相关实证研究的支持。其次，由于实验设计的原因，现有研究事实上并无法为手势在声调学习中的作用提供确切的证据。在贾琳、王建勤（2013a、2013b）的研究中，没有观看手势的对照组被试仅通过听音节并跟读的方式学习，由于没有向对照组被试呈现所跟读的音节，被试在跟读过程中很可能并不清楚自己读的是哪个声调；相反，观看手势的实验组被试则能够通过手势获得声调信息。假设对照组被试能通过书面的音节材料获得声调信息，那么观看手势的实验组是否还具有优势？我们认为，这值得进一步探讨。严格来说，以上实验结果只能说明提供视觉信息有助于提高汉语二语者的声调感知水平，并不能说明哪类视觉信息（手势信息或音节书写信息）对声调学习的帮助更大。最后，以往研究中的被试大多来自非声调语言的国家，对于母语是有声调语言的被试，采用手势法进行声调教学是否同样有效也值得进一步探讨。

基于以上研究背景，本章分别以母语为非声调语言的印尼学习者和母语为声调语言的泰国学习者为对象，考察手势辅助的多模态训练方法是否能够显著促进不同语言背景的汉语二语学习者的声调感知和产出。

11.2 实验一

11.2.1 研究问题

考察手势对母语为印尼语的初级汉语学习者汉语声调学习的影响。具体研究问题如下：

（1）学习者一边打手势一边视听跟读的声调训练方法是否比只进行视听跟读的方法更有助于促进声调的感知？

（2）学习者一边打手势一边视听跟读的声调训练方法是否比只进行视听跟读的方法更有助于促进声调的产出？

11.2.2 研究设计

本实验采用被试间设计。自变量为学习方法，分为两个水平：一是在视听跟读的同时要求被试做出声调符号的高低变化手势（手势组）；二是只要求被试视听跟读，但不做任何手势（跟读组）。因变量有两个：一个是学习者的声调感知成绩，另一个则是学习者的声调产出成绩。

11.2.2.1 被试

被试为印尼斐雅基督三语学校小学三到五年级的 24 名学习汉语的印尼小学生，年龄在 8~10 岁之间。所有被试均为非华裔儿童，且没有学习其他有声调语言的经验。被试每周仅在学校学习 2 小时的汉语，汉语水平处于初级水平阶段。实验时，将被试随机分成两组，其中手势组 12 人，跟读组 12 人。

11.2.2.2 实验材料

实验材料分成声调感知测试材料、声调产出测试材料和声调训练材料三部分（附录 5）。声调产出测试包含 96 个普通话单音节，其中阴平、阳平、上声、去声各 24 个，四种声调的音节进行随机排列。声调感知测试与声调产出测试所用的音节完全相同，但抹去了声调，并将 96 个音节进行了重新排列。声调训练材料共有 5 套，每套同样包含 96 个单音节汉语拼音，但所用音节与声调感知和产出测试的音节材料均不相同。5 套训练材料和声调感知测试材料均由一名普通话水平为一级乙等的男性母语者朗读并使用语音软件在安静的语音实验室中进行录制。

11.2.2.3 实验程序

实验分为前测、教学训练和后测三个阶段。

（1）前测阶段。在训练之前对两组被试的声调掌握情况进行前测。前测分为两个部分，分别考察被试声调感知和产出的能力。第一部分是声调感知测试，让被试听音节并在测试卷上标出每个音节的声调。每个音节播放两次录音。测试时要求被试独立完成。测试时间约为 10 分钟。第二部分是声调产出测试，请被试依次读出 96 个印刷在 A4 纸上的单音节。每个音节要求被试读两遍，允许被试在第一遍读错时进行修正，主试同时进行录音。该部分由主试和被试单独一对一完成。为了避免被试过于疲劳，该部分分成四小节完成，每小节 24 个音节，被试读完一小节的音节后可稍作休息。此部分测试时间约为 15 分钟。

（2）教学训练阶段。两组被试分别进行不同的教学训练。手势组要求被试在看拼音听录音并跟读的同时，用手势在空中比画出所读音节声调的调形走势。具体如图 11.1 至图 11.4 所示。

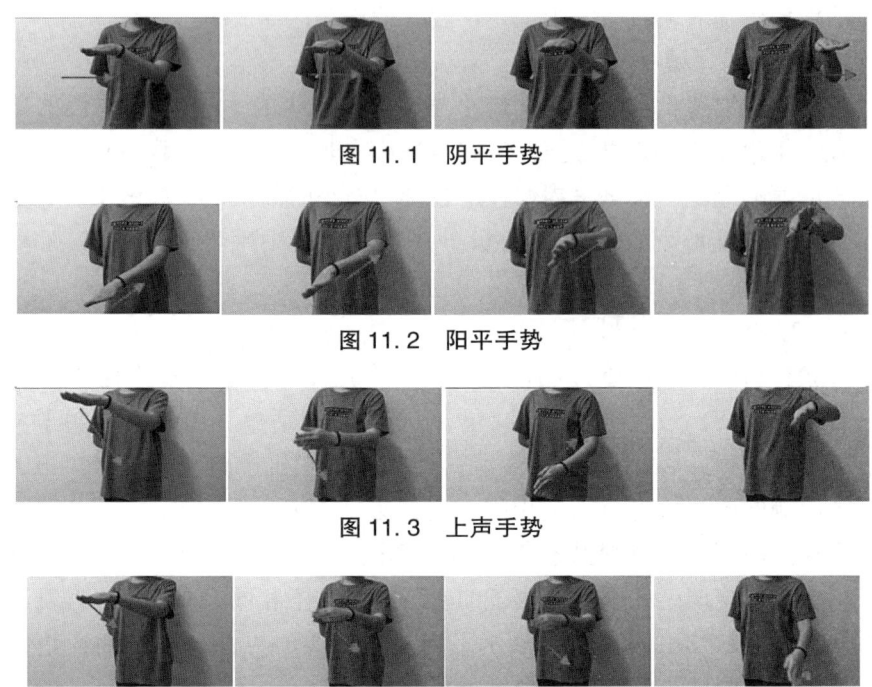

图 11.1　阴平手势

图 11.2　阳平手势

图 11.3　上声手势

图 11.4　去声手势

跟读组则要求被试将双手平放在桌子上不做任何手势，仅看拼音听录音并跟读。两个组用于训练的拼音音节材料均通过 PPT 进行呈现，每张 PPT 页面正中间呈现一个音节，音节字体为 Calibri Light，字号为 200 磅，同时在每个页面中嵌入声音文件，在呈现音节的同时播放相应的声音文件，每个音节播放两次。每次训练使用 5 套训练材料中的一套。被试每周训练三次，每隔一天训练一次，每次训练时间约为 15 分钟，一共持续三周，共 8 次。

（3）后测阶段。最后一次训练结束后进行后测，以考察两组被试的训练效果。为保证测试难度的一致性，后测跟前测采用同样的测试材料和方法。

11.2.2.4　评分方法

对于声调感知测试，被试每写对一个声调记为 1 分，写错或者没作答记为 0 分，满分为 96 分。对于声调产出测试，我们邀请三位普通话水平为一级乙等的汉语母语者对被试每个声调的发音进行评分。评分时以被试第二次产出的声调为准。评分规则如下：调形完全错误记为 0 分；调形走向基本正确，但调值偏差较大，不太符合母语者听感，如阴平明显不够高、去声尾段降得不够低等,记为 1 分;调形、调值基本正确,能够较容易判断出发音人读的是哪个声调,但仍感觉发音不太自然,则记为 2 分;调形、调值正确,发音自然到位,记为 3 分。正式评分前,三名评分员首先对随机抽取的 50 个音节的发音进行试评并合议,以熟悉和统一评分的标准。随后,三名评分员开始独立评分,最后取三名评分员的平均打分作为每个音节声调的产出成绩。

11.2.3 实验结果

11.2.3.1 声调感知测试成绩

对两组被试声调感知测试的前测和后测平均成绩进行统计,结果如表 11.1 所示。

表 11.1 印尼学习者声调感知测试成绩　　　　　　　　　单位:分

分组	前测	后测
手势组	55.00(15.68)	69.25(18.87)
跟读组	58.58(14.91)	67.83(19.13)

说明:括号外为平均得分,满分为 96 分;括号内为标准差(SD)。表 11.3 同此。

由于被试数量较少,我们采用非参数检验中的 Mann-Whitney U 检验方法对两组被试的声调感知成绩进行统计检验,以考察两种训练方法的效果是否存在显著性差异。检验结果表明,手势组和跟读组的平均秩次分别为 15.25 和 9.75,二者在声调感知效果上差异接近显著($U = 39.0$,$Z = -1.912$,$p = 0.060$)。由此可见,通过手势辅助的训练方法比没有手势辅助的训练方法更有助于提高印尼学习者的声调感知成绩。

11.2.3.2 声调产出测试结果

与声调感知测试类似,我们首先对两组被试声调产出的前测和后测平均成绩进行统计,结果如表 11.2 所示。

表 11.2 印尼学习者声调产出测试成绩　　　　　　　　　单位:分

分组	前测	后测
手势组	1.04(0.42)	1.67(0.43)
跟读组	1.47(0.63)	1.77(0.58)

说明:括号外为平均得分,满分为 4 分;括号内为标准差(SD)。表 11.4 同此。

同样采用非参数检验中的 Mann-Whitney U 检验方法对两组被试的声调产出成绩进行统计检验。结果表明，手势组和跟读组的平均秩次分别为 16.08 和 8.92，二者在声调产出的效果上差异显著（$U=29.0$，$Z=-2.493$，$p=0.012<0.05$）。由此可见，通过手势辅助的训练方法比没有手势辅助的训练方法更有助于提高学习者的声调产出成绩。

11.3 实验二

11.3.1 研究问题

实验一的结果初步表明，通过自己打手势的方式有助于提高汉语二语学习者的声调感知和产出水平。但实验一的被试是母语为非声调语言的汉语二语学习者，且被试的人数偏少，因此该结论是否具有普遍性仍值得进一步验证。在实验二中，我们拟以母语为声调语言的泰国学习者为被试，通过更大样本的实验进一步考察学习者一边打手势一边视听跟读的声调学习方法是否比只进行视听跟读的方法更有助于汉语声调的感知和产出。

11.3.2 研究设计

实验二的被试为泰国清迈皇家师范大学国际学院商务汉语专业的 40 名非华裔的大一学生。参加实验时，被试学习汉语的时间约为 2 个月，每周在课堂上学习汉语 8 个小时，课外没有其他汉语输入，属于初级水平的汉语二语学习者。实验时被试被随机分为两组，其中手势组和跟读组各 20 人。由于跟读组中的 1 名被试没有完成后测，最后进入数据统计的被试为：手势组 20 人，跟读组 19 人。

实验设计、实验材料、实验程序及评分方法均与实验一类似。不同的是，在实验二中，我们增加了两组被试的训练次数，手势组和跟读组都进行了 18 次训练，每周 3 次，共持续 6 周。

11.3.3 实验结果

11.3.3.1 声调感知测试结果

对两组被试声调感知测试的前测和后测平均成绩进行统计，结果如表 11.3 所示。

表 11.3 泰国学习者声调感知测试成绩　　　　　　单位：分

分组	前测	后测
手势组	53.40（13.25）	86.60（6.81）
跟读组	52.79（11.75）	59.74（11.25）

对数据进行重复测量方差分析，结果如下：

第一，组别的主效应非常显著。整体而言，手势组的声调感知成绩（$M=70.00$，$SD=19.77$）显著高于跟读组的感知成绩（$M=56.26$，$SD=11.88$），$F(1, 37) = 17.664$，$p<0.001$。

第二，测试时间的主效应也非常显著。后测中两组被试总平均感知成绩（$M=73.51$，$SD=16.38$）显著好于前测中总平均感知成绩（$M=53.10$，$SD=12.38$）。$F(1, 37) = 226.617$，$p<0.001$。

第三，组别和测试时间的交互效应显著，$F(1, 37) = 96.900$，$p<0.001$。因此，我们进一步做简单主效应分析，结果表明：在前测阶段，手势组的感知成绩（$M=53.40$，$SD=13.25$）与跟读组的感知成绩（$M=52.79$，$SD=11.75$）没有显著差异，$F(1, 37) = 0.02$，$p=0.880$；在后测阶段，手势组的感知成绩（$M=86.60$，$SD=6.81$）显著高于跟读组的感知成绩（$M=59.74$，$SD=11.25$），$F(1, 37) = 82.32$，$p<0.001$。

11.3.3.2　声调产出测试结果

与声调感知测试类似，我们首先对两组被试声调产出的前测和后测成绩进行统计，结果如表 11.4 所示。

表 11.4 泰国学习者声调产出测试成绩　　　　　　单位：分

分组	前测	后测
手势组	1.69（0.65）	2.57（0.32）
跟读组	1.53（0.56）	2.01（0.41）

同样对数据进行重复测量方差分析，结果如下：

第一，组别的主效应非常显著。整体而言，手势组的声调产出成绩（$M=2.13$，$SD=0.68$）显著高于跟读组的感知成绩（$M=1.77$，$SD=0.54$），$F(1, 37) = 6.927$，$p=0.012<0.05$。

第二，测试时间的主效应也非常显著。后测中两个组的总平均产出成绩（$M=2.30$，$SD=0.46$）显著好于前测中两个组的总平均产出成绩（$M=1.61$，$SD=0.61$）。$F(1, 37) = 62.909$，$p<0.001$。

第三，组别和测试时间的交互效应显著，$F(1, 37) = 5.243$，$p=0.028<0.05$。因此，我们进一步做简单主效应分析，结果表明：在前测阶段，手势组的产出成绩（$M=1.69$，$SD=0.65$）与跟读组的产出成绩（$M=1.53$，$SD=0.56$）没有显著差异，$F(1, 37) = 0.67$，$p=0.420$；在后测阶段，手势组的成绩（$M=2.57$，$SD=0.32$）显著高于跟读组的成绩（$M=2.01$，$SD=0.41$），$F(1, 37) = 22.54$，$p<0.001$。

11.4 分析与讨论

实验一和实验二的结果共同表明，在针对初级水平的汉语二语者进行声调训练时加入手势有助于提高他们的声调感知和声调产出成绩。

从信息编码系统的角度看，被试在学习声调时加入手势调用了非言语符号信息，增加了被试进行声调信息加工的线索。根据双重编码理论，人类大脑中存在两套不同的信息编码系统，即言语编码系统和非言语编码系统。其中言语编码系统负责对言语编码进行加工，而非言语编码系统负责处理非言语信息。两个系统之间既相互独立又密切联系，当两个系统的信息进行整合加工时，将大大增加信息加工的深度，提高信息加工的效率与质量。在实验一和实验二中，跟读组被试虽然调用了视觉、听觉和动觉（跟读）进行学习，但这些模态信息均属于言语层面的信息，只在言语编码系统中进行加工，未调用非言语编码系统。在手势组的学习训练中，被试除了调用多模态的言语编码信息外，还同时调用了非言语编码信息（即手势）对声调信息进行加工，这使得两个编码系统的信息得以整合加工，从而促进了声调学习。

事实上，前人研究（如贾琳、王建勤，2013b）发现相较于跟读的方式，观看教师手势并跟读的训练方式有助于提高声调感知成绩也与观看教师手势时调用了非言语编码信息进行加工有关；不同的是，自己做手势调用的是动觉模态的非言语信息，观看教师做手势则是调用视觉模态的非言语信息。根据认知神经科学的研究，人类大脑中存在镜像神经元（mirror neurons），这些神经元不仅在自身执行动作时被激活，在观察其他个体执行同样动作，甚至听到其他个体做此类动作的声音时也会被激活（Gallese &

Lakoff，2005）。换言之，当学习者在观看教师做手势时，镜像神经元系统会对所看到的手势进行模拟操作，因此，观看教师手势的作用机制类似于学习者自己做手势，同样可以起到促进声调学习的作用。但我们认为，学习者自己做手势对声调学习的促进效应要强于观看教师做手势，这在一定程度上解释了我们的研究结果和前人结果存在差异的原因。贾琳、王建勤（2013a、2013b）的研究发现，在观看教师做手势的情况下，手势对汉语二语学习者声调感知具有显著促进作用，但对声调产出则作用不明显；我们在实验一和实验二中均发现，学习者自己做手势对声调感知和产出都具有促进作用。这很可能是由于被试亲自执行手势比被动观看他人手势更能强化不同声调的调型走向，突显声调的调型特征。当学习者一边跟读声调一边做出手势时，手势信息起到了引导发音的积极作用。如发阴平（55）时，在空中比画出一条横线能够提示和引导学习者在发音时应保持声带的紧张度一致，避免发音时声带紧张度出现波动。又如发阳平（35）时，做出从低处向高处运动的手势，能够提示学习者发阳平时音高应该从低到高。这些由动作手势执行引导的发音方法不仅有助于学习者感知声调的高低变化，同时也强化了被试对声调特征的记忆，有助于提高声调产出的成绩。

  我们在实验结束后对手势组被试进行的随机访谈也印证了以上观点。如一名被试谈道："对我来讲，打手势有非常大的作用。例如，当我需要读（音高）比较高的音时，手势动作位置越高，发出的声音也越高。"另外一名被试则说："虽然刚开始会把泰语的声调和汉语的声调弄混淆，但是通过一段时间的训练，发现要是能记住动作和读音，就很容易分出两种语言的声调。而且，打手势的方法很容易理解。"还有一位女被试提到，上课时如果要她一个人打手势会有点不好意思，所以她以前在课上会选择其他类似的动作，如轻轻地跟着拼音声调的高低摇头或者用自己的手指在桌子上边比画边读声调。她觉得这次全班一起打手势对她学习声调很有帮助。可见，被试对于采用打手势辅助学习声调也持正面肯定态度。这正如喻江（2007）所指出，用手势进行声调教学能起到带领、提示、纠正等不同作用，好处是直观明了、节省时间，而且不用当面指正学生的错误，有助于维护学生的自尊心和自信心。

11.5 本章小结

本章通过两项教学实验考察了手势对初级水平汉语二语者声调学习的影响。研究结果表明，无论对于母语为非声调语言的学习者还是母语为声调语言的学习者，自己做手势并视听跟读的多模态训练方式均能够显著提高汉语声调的感知和产出质量，并且该训练方法的效果显著好于只进行视听跟读的效果。

因此，我们建议，在对初级汉语二语学习者进行普通话声调教学时，除了传统的视听跟读训练以外，还应该同时加上打手势的方法来进行声调教学。我们认为，这种视听跟读与执行手势相互结合的多模态训练方式不仅能够提高学习者分辨和产出声调的正确率，同时还能够提高学习者的注意力，增加课堂趣味性，避免学习者因重复进行跟读操练而产生疲劳效应。

第 12 章　手势与图片对汉语二语词汇学习的影响

12.1　引　言

在上一章中，我们探讨了手势这一动觉模态信息对汉语二语声调学习的影响。在本章中，我们将着重考察手势对汉语二语词汇学习的影响。同时，由于图片是最常用的词汇多模态学习手段，我们还将比较手势与图片信息在汉语二语词汇学习中的作用。

使用图片阐释词义，或表演词语对应的手势等多感官刺激是常见的词汇学习方法。Shams 和 Seitz（2008）认为，人脑在多感官环境中能够实现最优发展、学习或操作，多感官学习应当比单感官学习更有效。多感官学习能够更好地模拟自然语言环境，从而产生比阅读或听力等单模态学习更好的记忆效果。多感官学习主要的理论基础是双重编码理论、多模态理论和具身认知理论。双重编码理论认为，人脑中存在两套不同的信息编码系统，即言语编码系统和非言语编码系统。其中，言语编码系统负责加工文字等言语信息，非言语编码系统负责处理视觉图像等非言语信息，两个系统既独立又密切联系。两个系统同时整合信息，能够促进信息加工的深度，提高信息加工的效率与质量。双重编码理论的延伸——多模态理论认为，除言语模态和视觉模态外，动觉模态能够激活存储在运动系统中的信息，从而优化记忆表现（Engelkamp & Zimmer, 1984; Zimmer, et al., 2001）。具身认知理论则认为，词汇概念和编码过程中经历的知觉、运动和情感特征，一起存储在大脑中（Hauk, et al., 2004）。

在这些理论的指导下，已有研究证明图片或手势有助于二语词汇的学习。李红、李于南（2007）发现，母语注释+读音+图片比母语注释+读音更有助于英语二语学习者学习和记忆新词。Khalili 等（2014）的研究则发现，教师一边做手势一边解释比仅解释更有助于二语学习者分辨同音词。但也有一部分学者持不一样的观点，如 Krönke 等（2013）发现，通过三天的学习，在无手势、象征性手势、无意义手势三种条件下，被试学习假词的效果没有显著差异。赵平（2007）通过实验发现，在纯文本方式下学习的二语词汇长时记忆效果甚至比文本+图片的效果更好。综上所述，目前学界对于纯文本、图片或手势哪一种更有助于二语词汇的学习还没有统一的定论。

值得注意的是，现有研究多数考察图片或手势对于二语词汇学习的影响，主要考察其对语义相对具体的名词或动词学习的影响，较少关注语义相对抽象的形容词等其他词类。在汉语中，形容词分为性质形容词和状态形容词。性质形容词表示性质和属性，是重要的汉语词类之一。与具体名词或动词相比，性质形容词的学习缺少感官或运动特征，加工、存储和提取的难度更大。图片和手势在这类词汇的学习中是否有促进作用尚无定论。

此外，目前相关研究多是针对拼音文字语言的词汇学习，仅有一小部分研究探讨汉语二语词汇学习（如 Shen, 2010；彭铂芮, 2014），这些研究针对的均是成人汉语二语学习。关于词汇学习方式在青少年汉语二语学习中的作用仍有待探索。与成人或儿童不同，青少年的认知处于形式运算阶段，具有一定的抽象逻辑思维，擅长记忆和模仿，但其认知仍存在一定的片面性和模糊性。同时，青少年正处于身心快速发展阶段，独立意识增强，好奇心强，渴望得到认可，但注意力难以集中，且容易产生逆反心理。在二语习得方面，青少年在词汇习得上仍有一定优势，语言模仿能力较强，二语理解和加工能力有所提高（杨奕, 2017）。青少年群体具有独特而复杂的身心特征和认知特点，存在不确定性和不稳定性。需要丰富以青少年学习者为对象的教学研究，以优化青少年汉语二语教学。

那么，只看文字，或看文字和图片，或看文字和做手势，哪种词汇学习方法更有助于青少年汉语二语者学习性质形容词？为了探究问题的答案，我们在前人研究的基础上，以学习 GCSE（general certificate of secondary education）汉语课程的英国青少年为研究对象，对比母语翻译、母语翻译+看图片和母语翻译+做手势三种方式下学生学习性质形容词的效果。希望通过该项研究丰富双重编码理论、多模态理论和具身认知理论在汉语作为第二语言领域的研究，拓展汉语二语青少年词汇教学研究的成果，优化汉语二语青少年词汇教学方法。

12.2 相关研究回顾

12.2.1 图片在二语词汇学习中的作用

图片是一种直观性材料，利用图片强化学习效果是常见的学习方法。例如，教师在教授具体名词时，将名词与图片对应，可以促进学生的理解。根据双重编码理论，言语编码系统和非言语编码系统是人脑中的信息编码系统，前者加工文字等言语信息，后者处理视觉图像等非言语信息。两个系统相互配合，一起促进信息的整合与加工，提高加工质量与效率（Paivio, 2007）。已有研究为该观点提供支持。

目前，有关图片对二语词汇学习作用的研究大多集中在拼音文字语言的二语词汇学习方面。如 Chun 和 Plass（1996）以加利福尼亚大学 160 名德语专业二年级学生为被试，考查了英语翻译、英语翻译+图片和英语翻译+视频三种学习条件下，被试学习德语词汇的情况。结果发现，在英语翻译+图片的条件下，被试德语词汇成绩显著比其他两种条件好。Kost 等（1999）也做了相似的研究。他们针对第二学期的德语班学生，考查德语文本阅读过程中，英语翻译、图片、英语翻译+图片三种学习条件下德语词汇学习情况，发现在英语翻译+图片条件下，德语词汇的记忆效果最好。Yoshii 和 Falitz（2002）以 151 名初中级英语二语成人学习者为被试，利用图片识别、词语识别、定义测试三项测试，考察了文本、图片、文本+图片三种方式对多媒体阅读过程中的词汇伴随性习得的影响。结果发现，在即时测试和两周后的延时测试中，文本+图片组合方式下的学习效果均优于文本和图片的效果。国内也有学者进行了此类研究，如武卫、许洪（2009）针对某学院刚入校的一年级非英语专业本科生，考查了汉语、英语、汉语+图片和英语+图片四种条件下中国学生英语词汇伴随性学习情况，发现汉语+图片的条件下词汇伴随性学习效果最好。Best 等（2006）对儿童学习词汇进行了研究。他们发现，儿童在学习词汇时，图片辅助下的学习效果优于仅有语言支持的学习效果，即使用图片辅助学习，儿童会习得更多的词汇。

在汉语作为第二语言学习研究方面，Shen（2010）针对汉语作为外语的美国学习者，考察图片在其学习词汇中的作用。在该研究中，两组美国大学生学习包括具体词和抽象词在内的汉语词汇，有两种学习模式：一种是提供词语的意义和用法，另一种是提供词语的意义、用法和图片。结果发现，在抽象词的记忆方面，提供了图片的被试学习效果明显好于未提供图片的被试。然而，对于具体词，两组被试学习结果无显著差异，原因可能是被试早期经验中已有的表象促进了词汇的加工。在第4章中，我们以56名泰语为母语的初级、中级汉语学习者为被试，设置文字单模态释义、图文多模态释义两种学习条件，考察两种条件下不同汉语水平的学习者学习具体词和抽象词的效果。结果表明，初级水平学习者在图文多模态释义条件下，具体词和抽象词的学习效果更好，中级水平学习者在图文多模态释义条件下能够更好地理解抽象词语。

12.2.2 手势在二语词汇学习中的作用

手势是人体运动系统和抽象概念的联结点，传递策略性信息以解决问题，它既扎根于运动系统，又摆脱了感官运动的束缚（Goldin-Meadow, et al., 2012）。杨晓琼（2011）将手势定义为与正在进行的谈话、叙述、独白相关或与说话者的表达意图有关的象征性运动，如竖起大拇指、用食指写字等，不包括与交际无关或与传递信息无关的功能性动作（如用笔写字）、自我调节性动作（如挠头）、非言语行为（如摆姿势拍照）等。

马利军、张积家（2011）根据是否伴随语言的产生将手势分为非表象性手势和表象性手势。非表象性手势包括能够独立于语言使用的标志性手势和连续敲打手势。标志性手势有稳定的形式和意义，是系统化、惯例化的符号（如招手打招呼）；连续敲打手势则是动作的重复，可能没有意义。表象性手势包括指示性手势（指明客体的相对方位）、象征性手势（描述形状、运动或行为）和隐喻性手势（表示物体抽象本质）。这些手势伴随语言同步使用。在实际使用中，手势的各种分类不是非此即彼的，它们可能混合和重叠。本章探讨的手势主要为表象性手势中的象征性手势和隐喻性手势，两者均需伴随语言进行理解。

根据具身认知理论的观点，手势可以激活与词汇概念相关的感知觉信息，促进语言加工；同时，从多模态理论的角度看，手势能够调动学习者的多种感官，产生表演效应，激活运动系统中存储的信息，从而促进语言的加工和提取。许多学者对此进行了研究。Allen（1995）调查了112名英语为母语的法语二语大学生，让被试学习10个附有英文翻译的法语句子。一部分被试仅跟读；另一部分被试除跟读外，需模仿做出与句子对应的手势。结果表明，做手势的被试能够回忆起更多的法语句子，说明做手势对于语言理解和记忆有帮助。Kelly 等（2009）开展了针对 28 名英语母语成人的实验。被试在听力输入、听力+匹配手势输入、听力+不匹配手势输入、反复听力输入四种不同条件下学习日语动词。结果表明，听力+匹配手势输入条件下，词汇学习效果最好，并且在一个星期后的延后测中依然保持着记忆优势。Macedonia 和 Knösche（2011）测试了二语抽象词汇中手势的效果。实验中，被试学习了 32 个包含主语、状语、谓语、宾语的抽象句子。其中，只有主语是具体词，其他三个成分均为抽象词。被试通过视听方法学习一半句子，通过视听方法及自己打手势学习另一半句子。结果显示，从第 3 天开始，被试对于通过视听及手势学习的句子印象深刻。另外，在书面句子产出测试中，被试更多运用的是通过视听及手势学习的句子，而非仅通过视听学习的句子。Tellier（2008）让 20 名法语学龄前儿童学习 8 个英语单词，这批儿童被分为 2 组，一组儿童结合图片学习单词，另一组儿童通过观看手势并自己打手势来学习单词。结果表明，做手势的被试的测试成绩比看图片的被试成绩好。Wakefield 和 James（2015）调查了 90 名 6～8.5 岁的儿童，设置了言语、言语+匹配手势、言语+不匹配手势三种条件。研究者发现，在言语+匹配手势和言语+不匹配手势两种条件下，儿童对于新的语言概念的学习效果要好于仅有言语解释的条件，即通过手势的训练方法比单独使用语言策略的效率更高。

在汉语作为第二语言学习研究方面，手势对于汉语二语词汇学习效果的影响研究还很少。彭铂芮（2014）对两组词汇水平相当的留学生进行考查，调查手势与动词习得效率的关系。实验组跟读并看手势，对照组仅跟读。结果发现，进行了手势教学的实验组的即时测和延后测成绩均好于无手势的对照组。李立苹（2019）将手语手势融入美国 K-5（幼儿园到小学五年级）阶段的初级汉语词汇教学课堂，发现比没有加入手语手势的词汇教学更有效。

12.2.3 图片和手势在二语词汇学习中的作用比较

随着研究的深入，有学者综合考察图片和手势对于二语词汇学习的影响。如 Mayer 等（2015）通过实验对比了成人被试在不同条件下——观看手势、表演手势、观看图片、重绘图片、无辅助学习外语具体名词的效果。结果表明，在 2 个月和 6 个月后的延后测中，表演手势和观看图片的学习效果均优于无辅助条件下的学习效果，表演手势的效果又显著好于观看图片的效果。同时,核磁共振成像的结果还显示,表演手势和观看图片激活了大脑中的动觉区域和视觉区域,从而产生了促学效果。Repetto 等(2017)选取了 20 名意大利母语者作为被试进行相似的研究。被试需在母语翻译、母语翻译+看图片或母语翻译+做手势条件下学习 30 个抽象的人造假词。在母语翻译+看图片条件下,被试既能看到目标词的母语翻译,也能看到表达该词意义的图片。例如,在学习假词 utike(意大利语为 sforzo,表示"费力")时,被试将看到一个骑自行车的人努力骑上斜坡且满头大汗的图片。在母语翻译+做手势条件下,被试既能看到目标词的母语翻译,还看到一个短视频,视频模拟表示该词语义的动作。例如,在学习假词 uladi(意大利语为 tradizione,表示"传统")时,被试将观看一个跳传统舞蹈的动作视频,并跟做动作。结果发现,在自由回忆和词汇识别测试中,母语翻译+做手势条件下被试表现最好,其测试成绩显著好于母语翻译、母语翻译+看图片的测试成绩。

从以上的综述中,我们发现:①已有研究分别证明纯文本、图片或手势有利于二语词汇学习,但哪一种方式更有助于二语词汇的学习,学界尚无统一定论。②关于图片和手势对于二语词汇学习影响的实证研究主要集中在拼音文字语言,在汉语作为第二语言学习领域的相关实证研究十分有限。③相关研究较少关注意义相对抽象的形容词,图片和手势在这类词汇的学习中是否有促进作用仍有待考察。④目前汉语二语词汇学习研究的对象主要为二语成人学习者,一部分也考查了二语儿童,但针对汉语二语青少年词汇学习的研究很少。汉语二语青少年群体在壮大,以该群体为对象的研究却没有跟上,不利于青少年汉语二语词汇教学的优化。

因此,在前人研究的基础上,本章以 GCSE 学生为研究对象,探究图片和手势能否增强其学习性质形容词的效果。

12.3 研究方法

12.3.1 研究问题及假设

研究设置了三种词汇学习方式,并通过即时测和延后测考查被试对词语音形联结、音义联结、形义联结的掌握情况,尝试探讨以下两个问题:①整体而言,母语翻译、母语翻译+看图片和母语翻译+做手势三种词汇学习方式,哪种更有助于汉语二语青少年学习性质形容词?②三种学习方式在音形联结、音义联结、形义联结三个词汇知识方面的学习效果是否存在差异？

双重编码理论、多模态理论和具身认知理论为图片和手势在促进词汇习得方面的可能性提供了理论支撑。学者们通过研究分别肯定了图片或手势在二语词汇学习的作用（如 Shen，2010；Macedonia & Knösche，2011）。据此，我们针对研究问题提出了两个研究假设：①整体而言，母语翻译+看图片和母语翻译+做手势的词汇学习方式更有助于汉语二语青少年学习性质形容词；②三种学习方式在音形联结、音义联结、形义联结三个词汇知识方面的学习效果存在显著差异。

12.3.2　研究设计

采用 3（学习方式）×2（测试时间）的两因素被试内实验设计。因素 1 为学习方式，分为母语翻译（only translation，OT）、母语翻译+看图片（translation+picture，TP）、母语翻译+做手势（translation+gesture，TG）三个水平；因素 2 为测试时间，分为即时测试和延后测试两个水平。因变量为被试音形联结、音义联结、形义联结三项测试的即时测和延后测成绩。

12.3.3　被试

被试为英国中华艺术文化中心的 18 名英国学生，他们的母语均为英语或母语之一是英语，在家和学校主要用英语沟通，汉语学习平均时长为 4.5 年，主要通过中文学校学习汉语，目前正在该中心学习 GCSE Higher 汉语课程。GCSE Higher 学生词汇量水平对应 HSK 三级和四级之间（李思野，2018）。18 名被试中，男生 7 人，女生 11 人，年龄范围为 13～15 周岁。被试均裸眼或矫正视力正常，无阅读障碍，无神经或精神病史。实验开展前征得英国中华艺术文化中心校长及学生家长的同意，并告知家长勿参与到实验中。家长和被试均不了解实验的具体目的。

12.3.4　实验材料

目标词为 18 个性质形容词。参考 Edexcel[①] 2017 年发布的 GCSE Chinese 词汇大纲，选取大纲外 24 个双音节性质形容词作为备选材料。请 5 名与被

---

① Pearson. https://qualifications.pearson.com，2021-03-25.

试水平相当但不参与本次实验的以英语为第一语言的英国学生,从中勾选出自己不认识的词语。根据勾选结果,选取 18 个目标词。入选的 18 个目标词的平均笔画数为 19.78 ($SD=2.22$)。请 20 名母语者为目标词的抽象程度和语义透明度进行打分,1 分代表程度最低,7 分代表程度最高。统计结果显示,目标词平均抽象程度为 4.24 ($SD=1.12$),目标词平均语义透明度为 5.13 ($SD=0.79$)。每个目标词均设计了母语翻译、母语翻译+看图片和母语翻译+做手势三种学习方式(详见附录6)。目标词学习材料采用抵消平衡的方法分成三个版本。在每一个版本中,被试学习 6 个母语翻译目标词,6 个母语翻译+看图片目标词,6 个母语翻译+做手势目标词。每 6 名被试学习一个版本。此外,为了平衡学习方式呈现顺序的影响,每个版本内的三种学习方式采用拉丁方设计进行排序。

在图片选取方面,选取与 18 个目标词表达意义较为贴切的图片(如图 12.1~图 12.3 所示),并请 10 名母语者和 10 名不参加实验的、与被试水平相当的二语学习者对目标词和图片的匹配度进行评分,1 分代表很不匹配,5 分代表很匹配。结果显示,母语者给出的目标词与图片匹配度平均为 4.74 ($SD=0.17$),二语者给出的匹配度平均为 4.62 ($SD=0.27$),匹配程度较高。

图 12.1　版本一幻灯片示例

图 12.2　版本二幻灯片示例

图 12.3　版本三幻灯片示例

在手势选取方面，首先与 5 名母语者讨论，确定每个词对应一个手势，录制成视频，并请 10 名母语者和 10 名不参加实验的、与被试水平相当的二语学习者对目标词和手势的匹配度进行评分，1 分代表很不匹配，5 分代表很匹配。结果显示，母语者给出的目标词与手势匹配度平均为 4.50（$SD=0.33$），二语者给出的匹配度平均为 4.33（$SD=0.31$），匹配程度也较高。

12.3.5 测试工具

在第一项音形联结测试中，被试需完成 18 道题。在每道题中，被试根据听到的词语发音，从三个选项中选出正确的目标词，其余两个干扰选项是由目标词形近字组成的错词（图 12.4）。18 道题的呈现顺序随机排列。被试选出正确的目标词得 1 分，选错不得分，满分 18 分。

```
一、听读音，选择正确的词语。Listen and choose the correct words.
1) A. 纤瘦    B. 任痒    C. 纤病
2) A. 悬殊    B. 县殊    C. 垦珠
3) A. 城恳    B. 铖垦    C. 诚恳
```

图 12.4　音形联结测试示例

在第二项音义联结测试中，被试需根据听到的词语发音写出 18 个目标词的英文翻译。18 个词播放的顺序随机排列。翻译出实验中呈现的对应英文单词或意义相近的英文单词得 1 分，翻译与目标词词义偏差太大或完全错误不得分，满分 18 分。

在第三项形义联结测试中，被试根据屏幕上呈现的 18 个目标词，依次写出其英文翻译。18 个词的呈现顺序随机排列。翻译出实验中呈现的对应英文单词或意义相近的英文单词得 1 分，翻译与目标词词义偏差太大或完全错误不得分，满分 18 分。

完整的词汇测试题请参见附录 7。三项测试满分总分 54 分。统计时，分别计算三项测试中每种条件下目标词的平均成绩。

12.3.6 实验程序

实验分为词语学习、即时测和延后测三个环节。

（1）词语学习。被试通过线上会议平台 Zoom 参与实验，主试全程实时观察。首先，主试共享屏幕，向被试讲解实验流程和注意事项，确保被试理解后进行一次模拟练习。模拟练习结束后，实验正式开始。在学习过程中，除看、跟读或做手势外，被试不另外用纸笔或其他形式记录目标词。

听到指示语后，被试屏幕呈现相应条件下的词。以"疲劳"为例，若该词出现在 OT 条件下（图 12.5），被试将在屏幕居左处看到蓝色楷体的"疲劳"及其对应的拼音"pí láo"和翻译"tired"，1 秒后听到"疲劳"的发音，被试需跟读。"疲劳"的发音共播放 3 次，每次播放后，被试需跟读。该词的跟读次数为 3 次。跟读时间为 9 秒，文字呈现时间为 15 秒。该词学习完毕后，屏幕出现空白页，1 秒后呈现下一个目标词。

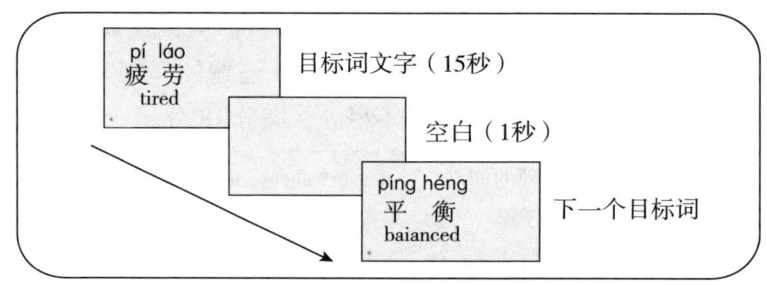

图 12.5　母语翻译（OT）学习方式示例

若该词出现在 TP 条件下（图 12.6），被试将在屏幕居左处看到"疲劳"、拼音"pí láo"及对应翻译"tired"，1 秒后听到"疲劳"的发音，被试需跟读。"疲劳"的发音共播放 3 次，每次播放后，被试需跟读。该词的跟读次数为 3 次，跟读时间为 9 秒。第 11 秒时，被试将在屏幕居右处看到"疲劳"对应的图片。文字呈现时间为 15 秒，图片呈现时间为 5 秒，总呈现时间为 15 秒。该词学习完毕后，屏幕出现空白页，1 秒后呈现下一个目标词。

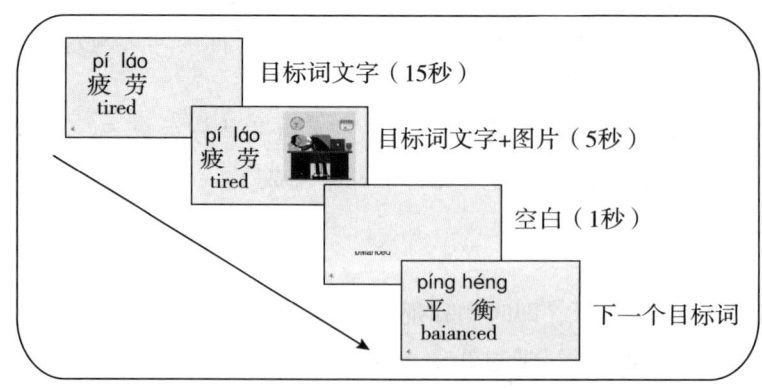

图 12.6　母语翻译+看图片（TP）学习方式示例

若该词出现在 TG 条件下（图 12.7），被试将在屏幕居左处看到"疲劳"、拼音"pí láo"及对应翻译"tired"，1 秒后听到"疲劳"的发音，被试需跟读。"疲劳"的发音共播放 3 次，每次播放后，被试需跟读。该词的跟读次数为 3 次，跟读时间为 9 秒。第 11 秒时，被试将在屏幕居右处看到"疲劳"对应的动态手势，被试需重复手势。文字呈现时间为 15 秒，手势呈现时间为 5 秒，总呈现时间为 15 秒。该词学习完毕后，屏幕出现空白页，1 秒后呈现下一个目标词。动态手势不涉及腿部动作和面部表情。

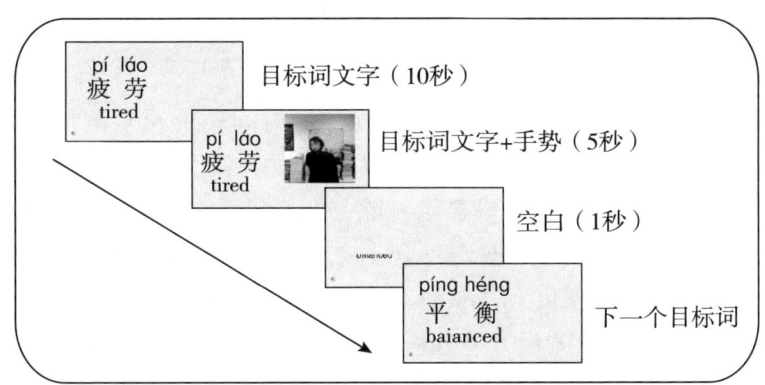

图 12.7　母语翻译+做手势（TG）学习方式示例

每种版本均进行 3 轮学习，每个词总跟读次数为 9 遍。学习时长控制在 30 分钟内。

（2）即时测。被试在学习环节后进行即时词汇测试。第一项测试考察被试学习目标词的音形联结情况。被试根据听到的读音，选出 18 个目标词的正确形式。第二项测试考察被试学习目标词的音义联结情况。被试需在没有看到目标词的情况下，根据听到的读音写出词语的英文翻译。第三项测试考察被试学习目标词的形义联结情况。被试需写出屏幕上 18 个目标词的英文翻译。

（3）延后测。三天后进行延后测。延后测与即时测相同，均包括以上三项测试。为避免顺序效应，延后测中各项测试的 18 道题均进行了重新排列。

12.4　实验结果

12.4.1　测试总成绩

使用 SPSS 22.0 分别统计每名被试在 OT、TP、TG 三种条件下的三项测试答题得分率(各条件下被试实际得分值/各条件下的满分值),并计算所有被试的平均得分率,结果如表 12.1 所示。

表 12.1 被试测试平均得分率和标准差 单位:%

学习方式	即时测	延后测
母语翻译(OT)	73.46(13.28)	66.67(10.61)
母语翻译+看图片(TP)	80.25(11.15)	74.38(12.07)
母语翻译+做手势(TG)	85.49(11.13)	76.85(12.53)

说明:满分得分率为 100%,括号内为标准差(SD)。表 12.2~表 12.4 同此。

对统计结果进行 3(学习方式)×2(测试时间)的重复测量方差分析。为确保方差分析的数据分布正态性假设成立,我们对得分率数据进行 Shapiro-Wilk 正态性检验。结果显示,除了延后测中 TG 条件下的检验结果达到显著水平,其余五组数据均符合正态分布($p>0.05$)。由于延后测中 TG 条件下的数据分布偏度(skewness)绝对值未显著超过 1,且样本量大于 15,因此仍适用于重复测量方差分析。

方差分析结果表明:词汇学习方式的主效应显著,$F(2, 34) = 9.982$,$p<0.001$,$\eta_p^2 = 0.370$。采用 Bonferroni 方法进行事后多重比较[①],结果显示,TP 条件下被试的平均得分率(77.32%)显著高于 OT 条件下被试的平均得分率(70.07%)($p=0.038$);TG 条件下被试的平均得分率(81.17%)也显著高于 OT 条件下被试的平均得分率($p=0.001$);TP 条件下被试平均得分率和 TG 条件下的平均得分率差异不显著($p=0.424$)。这说明,整体而言,OT+TP 和 OT+TG 比 OT 更有助于被试学习性质形容词。

测试时间的主效应显著,即时测的被试平均得分率(79.73%)显著高于延后测的平均得分率(72.63%),$F(1, 17) = 25.478$,$p<0.001$,$\eta_p^2 = 0.600$。此外,结果还表明,学习方式和测试时间之间的交互作用不显著,$F(2, 34) = 0.463$,$p=0.633$,$\eta_p^2 = 0.027$。

12.4.2 音形联结测试成绩

分别统计每名被试在 OT、TP、TG 三种条件下的音形联结答题得分率(各条件下被试实际得分值/各条件下的满分值),并计算所有被试的平均得

[①] 本章均采用 Bonferroni 方法进行事后多重比较,不再一一注明。

分率，结果如表 12.2 所示。

表 12.2 被试音形联结的平均得分率和标准差　　　　单位:%

学习方式	即时测	延后测
母语翻译（OT）	84.26（14.54）	74.08（19.15）
母语翻译+看图片（TP）	88.89（11.43）	81.48（13.87）
母语翻译+做手势（TG）	89.81（11.63）	80.56（17.39）

对被试音形联结得分率数据进行 Shapiro-Wilk 正态性检验发现，六组数据的检验结果均达到显著水平（$p<0.05$），数据的分布与正态分布有显著差异。但六组数据的分布偏度绝对值均小于 1，且样本量大于 15，因此仍适用于重复测量方差分析。

方差分析结果表明：词汇学习方式的主效应边缘显著，$F(2, 34) = 2.869$，$p = 0.071$，$\eta_p^2 = 0.144$。事后多重比较结果显示，三组两两比较的差异均不显著，$p > 0.05$，即三种学习方式在音形联结测试中的效果差别不大。

测试时间的主效应显著，即时测的被试音形联结平均得分率（87.65%）显著高于延后测的被试平均得分率（78.71%），$F(1, 17) = 13.629$，$p = 0.002$，$\eta_p^2 = 0.445$。结果还表明，学习方式和测试时间之间的交互作用不显著，$F(2, 34) = 0.171$，$p = 0.843$，$\eta_p^2 = 0.010$。

12.4.3 音义联结测试成绩

同理，分别统计每名被试在 OT、TP、TG 三种条件下的音义联结答题得分率（各条件下被试实际得分值/各条件下的满分值），并计算所有被试的平均得分率，结果如表 12.3 所示。

表 12.3 被试音义联结的即时测、延后测得分率和标准差　　　单位:%

学习方式	即时测	延后测
母语翻译（OT）	70.37（13.47）	63.89（13.10）
母语翻译+看图片（TP）	73.15（16.31）	66.67（18.08）
母语翻译+做手势（TG）	83.33（12.78）	75.93（13.06）

对被试音义联结得分率数据进行 Shapiro-Wilk 正态性检验发现，除了延后测中 TP 条件下的检验结果未达到显著水平，其余五组数据分布与正态分

布有显著差异（$p<0.05$）。但五组数据的分布偏度绝对值均小于 1，且样本量大于 15，因此仍适用于重复测量方差分析。

方差分析结果显示：词汇学习方式的主效应显著，$F(2, 34) = 7.543$，$p = 0.002$，$\eta_p^2 = 0.307$。事后多重比较结果显示，TG 学习条件下的被试音义联结测试平均得分率（79.63%）显著高于 OT 条件下的平均得分率（67.13%）（$p = 0.002$）和 TP 条件下的平均得分率（69.91%）（$p = 0.032$）。OT 条件下的平均得分率和 TP 条件下的平均得分率则没有显著差异（$p = 1.000$）。

测试时间的主效应也显著，即时测的音义联结平均得分率（75.62%）显著高于延后测的音义联结平均得分率（68.83%），$F(1, 17) = 5.501$，$p = 0.031$，$\eta_p^2 = 0.244$。学习方式和测试时间的交互效应不显著，$F(2, 34) = 0.027$，$p = 0.973$，$\eta_p^2 = 0.002$。

12.4.4　形义联结测试成绩

同样，分别统计每名被试在 OT、TP、TG 三种条件下的形义联结答题得分率（各条件下被试实际得分值/各条件下的满分值），并计算所有被试的平均得分率，结果如表 12.4 所示。

表 12.4　被试形义联结的即时测、延后测得分率和标准差　　单位:%

学习方式	即时测	延后测
母语翻译（OT）	65.74（18.50）	62.04（11.15）
母语翻译+看图片（TP）	78.70（14.91）	75.00（17.39）
母语翻译+做手势（TG）	83.33（16.17）	74.07（14.26）

对被试音义联结得分率数据进行 Shapiro-Wilk 正态性检验发现，除了即时测中 OT 条件下的检验结果未达到显著水平，其余五组数据分布与正态分布有显著差异（$p<0.05$）。但五组数据的分布偏度绝对值均小于 1，且样本量大于 15，因此仍适用于重复测量方差分析。

方差分析结果显示：词汇学习方式的主效应显著，$F(2, 34) = 11.433$，$p<0.001$，$\eta_p^2 = 0.402$。事后多重比较结果显示，TP 条件下的平均得分率（76.85%）显著高于 OT 条件下的平均得分率（63.89%）（$p = 0.004$）。同样，TG 水平和 OT 水平存在显著差异（$p = 0.002$），表明 TG 条

件下的形义联结测试平均得分率（78.70%）显著高于 OT 条件下的平均得分率（63.89%）。然而，TP 和 TG 条件下的平均得分率没有显著差异（$p = 1.000$）。

测试时间的主效应也显著，即时测的形义联结平均得分率（75.92%）显著高于延后测的平均得分率（70.37%），$F(1, 17) = 10.930$，$p = 0.004$，$\eta_p^2 = 0.391$。结果也显示，学习方式和测试时间的交互效应不显著，$F(2, 34) = 1.063$，$p = 0.357$，$\eta_p^2 = 0.059$。

12.4.5 小结

综上，对被试测试得分率进行 Shapiro-Wilk 正态性检验、重复测量方差分析、事后多重比较等处理后，将三种学习方式对被试学习目标词的影响汇总成表 12.5。

表 12.5 学习方式效果比较

测试	项目	主效应	学习方式对比
总成绩	学习方式	显著	TP>OT，TG>OT
	测试时间	显著	即时测>延后测
	学习方式×测试时间	不显著	—
音形联结	学习方式	边缘显著	三种学习方式两两比较，差异均不显著
	测试时间	显著	即时测>延后测
	学习方式×测试时间	不显著	—
音义联结	学习方式	显著	TG>OT，TG>TP
	测试时间	显著	即时测>延后测
	学习方式×测试时间	不显著	—
形义联结	学习方式	显著	TP>OT，TG>OT
	测试时间	显著	即时测>延后测
	学习方式×测试时间	不显著	—

整体而言，母语翻译+看图片、母语翻译+做手势比母语翻译更有助于被试学习性质形容词。此外，被试即时测表现均比延后测表现好。

具体而言，在词汇音形联结方面，三种学习方式的效果没有显著差异；在音义联结方面，母语翻译+做手势比另外两种学习方式的效果更佳；在形义联结方面,母语翻译+看图片、母语翻译+做手势均表现出比母语翻译更大的优势。

12.5 分析与讨论

12.5.1 图片和手势在汉语二语性质形容词学习中的有效性

实验结果表明,整体而言,母语翻译+看图片、母语翻译+做手势在即时测和延后测中,均表现出比母语翻译更大的优势,更有助于促进汉语二语青少年性质形容词的学习。这一结论符合本实验前期假设,拓展了前人的研究成果,证实图片和手势的促学优势也存在于汉语二语青少年的词汇学习,以及于性质形容词的学习中。我们认为,图片和手势学习方式的促学优势可以从以下几个方面进行解释。

首先,根据双重编码理论,被试在学习目标词时,通过两个相互独立又相互联系的加工系统,分别对目标词、拼音和母语翻译等文字信息以及图片、手势信息(非言语信息)进行处理。因此,在母语翻译+看图片、母语翻译+做手势的学习方式下,被试能够在两个加工系统处理的信息之间建立联系,并进行整合,从而促进对目标词的理解和加工。在完成任务的过程中,若言语编码系统无法支撑个体实现词汇检索,图片或手势等非言语编码系统也能够帮助个体实现词汇通达。此外,根据多模态理论和具身认知理论,母语翻译+做手势的学习方式使被试在学习目标词字形、字音和意义的同时做手势,调动动觉模态信息,激活与目标词意义相关的感知觉信息,获得具身经验,使个体对于词汇的感受更加丰富和具体,强化身体和目标词知识的联系,从而促进对目标词的理解和加工。因此,与前人对二语成人词汇学习的研究结果(Mayer, et al., 2015)相似,整体而言,比起纯文本的母语翻译方式,母语翻译+看图片、母语翻译+做手势在汉语二语青少年对性质形容词的理解和加工方面更具优势。

其次,母语翻译仅为学习者提供了目标词与一语翻译之间的文字联系;图片和手势除构建两个语言间的联系外,更为青少年学习者提供了构建目标词意义的视觉或动觉刺激。由于性质形容词的意义较为抽象,加工、存储和提取的难度较大,通过图片或手势的隐喻方式进行表达,能够为青少年学习者理解目标词提供更加直观的信息。根据皮亚杰的认知发展阶段理论,青少年处于形式运算阶段(formal operation),视听能力和脑的生理系统均有了新的发展，可以摆脱对具体事物的依赖，根据假设来进行逻辑推理、归纳或演绎，从而解决问题（Newman & Newman，2005）。同时，青少年的思维发展逐步接近成人水平，能够理解符号的意义、隐喻和直喻，并对其做一定的概括（陈琦、刘儒德，2001）。由于认知的发展阶段不是截然的阶梯式，而是有一定程度的交叉重叠，所以青少年学习者可能既保留了具体运算阶段利用形象进行思考的特点，又能发挥形式运算阶段理解符号意义或隐喻的能力。此外，虽然母语翻译在一定程度上能够提高二语词汇教学的效率（张博，2018），但完全依赖母语翻译有两种语言对应意义存在偏差的可能性。利用图片和手势可以减少母语负迁移干扰的可能性，促进青少年学习者有效构建目标词意义。

最后，图片和手势能够增强词汇学习的趣味性，调动汉语二语青少年的积极性，使其集中其注意力。根据 Atkinson 和 Shiffrin（1968）的多重记忆系统模型，感觉登记是记忆系统的首个成分，外部信息通过感觉登记进入记忆系统。当个体注意到并及时识别某条信息后，该信息才有机会通过感觉登记进入短时记忆。短时记忆对目标词进行编码，目标词才有可能进一步进入长时记忆。相比纯文本的母语翻译，带有图片和手势的学习方式更容易刺激青少年学习者的感觉，引起青少年学习者的注意，不容易产生疲劳效应，进而使相关的性质形容词进入其记忆系统。在青少年学习者回忆所学目标词时，带有图片或手势的目标词更容易从记忆中被调取出来。

12.5.2 三种学习方式对词汇知识不同方面的影响

实验从音形联结、音义联结、形义联结三个维度的词汇知识对比了三种学习方式的优劣。实验结果初步表明，无论即时测还是延后测，母语翻译+看图片、母语翻译+做手势的学习方式在形义联结或音义联结测试成绩中至少一项显著优于母语翻译；但在音形联结测试中，母语翻译+看图片、母语翻译+做手势的方式则促学作用不明显。下面尝试对这一结果进行分析。

首先，在音形联结方面，三种学习方式的效果不存在显著差异，原因有二。一方面，图片和手势提供的主要为词义信息，而非词形、词音信息，因此对于被试掌握词语音形联结并无直接的加强作用。另一方面，该结果可能与题目设计和答题策略降低了任务的难度有关。该部分测试题型为选择题，每道题中有一个目标词和两个干扰词。被试可能结合已有的汉字知识，采用排除法或猜测法选出正确选项。例如，在"卓越""早越"和"桌趋"几个词语中，若被试能够识别"早"和"桌"两个字，那么，即使被试不认识"卓越"一词，也能将两个干扰项排除，选出目标词。换言之，在音形联结测试中，被试早期经验中已有的表象和答题策略能够帮助被试完成该任务，任务难度相对较小，图片和手势在其中的影响较为有限。因此，三种学习方式对于被试学习目标词的效果没有显著的差异。

音义联结、形义联结测试由于需要被试直接写出词义，被试很难利用答题策略作答，任务难度要大于音形联结测试。难度较大的任务恰恰可能在最大程度上利用图片或手势的辅助作用。例如，一些研究发现，任务难度会影响手势作用的发挥。Macedonia 等（2010）以高水平和低水平二语学习者为被试，发现高水平二语学习者只在难度指数较高的任务中利用手势，低水平二语学习者则在难度指数低的任务中也利用了手势。同样，Krönke等（2013）在其研究中也推测，当任务难度达到一定水平时，学习者无法利用其认知策略完成学习任务，手势才有可能促进词汇学习。在本研究中，音义联结、形义联结测试难度高，若被试只依靠学习策略，则可能无法完成任务。此时，被试可能会更加主动调用图片或手势这一非言语编码信息进行辅助加工。

相对而言，由于手势能够更好地激活与目标词意义相关的感知觉信息，使被试获得具身经验，其对词语学习的促进作用比图片更加显著，这在音义联结测试中得到了体现。近期一些学者也发现，在目标词与手势相匹配的情况下，学习者在学习词汇时模仿教师表演手势，大脑前运动皮层被显著激活，表明手势动作在词汇语义表征中留下了运动痕迹，增强了学习者对词汇的心理模拟，从而促进了对词汇的记忆（Macedonia，Müller & Friederici，2011）。此外，Macedonia 和 Mueller（2016）也提供了另外一种可能的解释：根据认知理论的观点，词汇应属于陈述性记忆；然而，由于学习词汇的过程中伴随着含义明确的运动动作或程序（即做手势），陈述性记忆系统和程序性记忆系统可能相互作用，共同完成词汇的存储和提取。他们借助 fMRI 技术探究做手势产生表演效应的神经机制，发现大脑中调节陈述性记忆的区域被激活了，如海马体、对海马体（para-hippocampal）、前额叶皮层（prefrontal cortex）区域、背外侧前额叶皮层（dorsolateral prefrontal cortex）区域以及内侧颞叶（medial temporal lobe）区域等，说明被试所学的词汇的确是存储于陈述性记忆中。此外，他们还发现，除（前）

运动区域、基底神经节和小脑外，大脑中调节程序性记忆的区域也被激活了，说明一边学习词汇一边做手势可能同时激活了陈述性和程序性记忆系统。换言之，对词汇文本进行编码涉及的是陈述性记忆；利用手势动作对词汇进行编码，则可以将与词汇有关的概念存储到程序性记忆中。当被试通过母语翻译或母语翻译+看图片的方式学习目标词时，程序性记忆系统并不会自动参与这个过程；当被试通过母语翻译+做手势的方式学习时，程序性记忆系统可以通过手势而参与词汇记忆。因此，在词汇存储和提取方面，手势在一定程度上体现出了比纯文本和图片更大的优势。

12.6 本章小结

本章研究结果发现，整体而言，相比单模态的母语翻译，母语翻译+看图片和母语翻译+做手势这两种多模态学习方式更能促进汉语二语青少年性质形容词的学习。实验结果同时也表明，对于不同方面的词汇知识学习而言，三种学习方式的效果有区别。在音形联结测试中，三种方式的学习效果没有显著差异；在音义联结方面，母语翻译+做手势的效果最为突出；在形义联结方面，母语翻译+看图片和母语翻译+做手势的效果均优于只有纯文本的母语翻译。

以上结论对于汉语二语词汇教学有一定的启示。首先，教师应重视图片和手势在意义相对抽象的词类学习中的辅助作用。以往教学中，教师已经能够在具体名词和部分动词的教学中充分利用图片或手势，但是常会忽略图片和手势在意义相对抽象的词类学习中的效果。教师在汉语二语青少年课堂中，应考虑青少年学习者的身心特点和学习特点，可以采用多模态教学法，选取与词义匹配度较高的图片或手势，配合词形和词音，为意义相对抽象的词类学习创造情景或语境，调动学生听觉、视觉、动觉等多种模态，同时吸引学生的注意力，使其提升学习兴趣，促进二语词汇的加工和理解。

其次，针对不同难度的词汇知识学习任务，教师可以灵活结合多种词汇学习方式。在难度较低的任务中，教师可以根据学生的真实水平、具体的教学目标和教学安排以及自身的条件选择学习方式；在难度较高的任务中，若有充足的教学时间，教师可以考虑加入图片或手势以促进学生对生词的学习。

最后，必须指出的是，本章实验以青少年二语学习者为对象，其结论是否适用于成年二语学习者还有待进一步检验。一些研究指出，学习者的年龄可能影响手势作用的发挥，随着年龄的增加，手势的作用会逐渐减弱（Nyberg, et al., 2002）。因此，有必要通过更多的实证研究检验手势在成人汉语二语学习中的促学作用。

第 13 章　结　　语

13.1　主要结论

本研究在对多模态学习认知机制探讨的基础上，通过系列教学实验，探讨了各种多模态学习任务的配置方式对汉语二语学习效果的影响。主要研究结论如下：

（1）图文多模态释义对不同类别的汉语二语词汇学习均有显著促进作用。传统教学主要在具体词的学习中使用图片进行辅助教学。我们的实验结果表明，对于初级水平学习者，无论学习的是具体词还是抽象词，提供图文多模态释义的学习效果均要显著好于只提供文字单模态释义的学习效果；对于语言水平相对较高的中级学习者，图文多模态释义的优势在具体词的学习中体现得并不明显，但仍能够显著促进中级水平学习者对抽象词的理解。

（2）不同的图片呈现方式影响汉语二语词汇学习效果。我们具体比较了传统的显性编码、快速映射和显性编码+快速映射三种呈现方式对汉语二语者词汇学习效果的影响。研究结果表明，二语词汇学习中的显性编码和快速映射可能存在不同的认知加工机制，显性编码的呈现方式更有利于词汇陈述性知识的掌握，快速映射的方式则在词汇语义网络整合方面具有优势，在教学中将两种呈现方式相结合可能更有利于二语词汇学习。

（3）相较于视觉单模态输入，视听多模态输入有助于提高汉语二语者的伴随性词汇学习成绩，但却无助于提高句法结构的学习成绩。这是由于听觉语音输入能提高学习者从语音到词形和从语音到词义的激活水平；同时，语音输入中所蕴含的韵律节奏信息还可能减小学习者对文本的理解难度，有助于他们更好地利用上下文的语境信息猜测目标词的意思。相反，语音信息的激活与句法形式加工无直接关联，还可能增加学习者的外在认知负荷，因此对句法结构学习无积极效应。

（4）在视听多模态输入的基础上进行输出模态转换（如跟读、朗读、续写等）是否有助于提高学习效率不能一概而论，应视输出转换的具体任务而定。例如，在视听输入任务中加入同步跟读的输出任务并不能有效地提高学习效率，这是由于同步跟读造成了学习者认知负荷过载；机械地跟读或朗读也无法激发学习者表达的内生动力，任务的互动性差。相反，读后续写、续说等各种带有"续"成分的输出转换任务既能激发学习者交际意图，促使学习者进行语言的创造性使用，又能将目的语的使用语境自然地融入，为学习者的语言输出提供了内容和形式的双重支持，促进了语言输入和输出的互动协同，因此具有显著的促学效应。

（5）恰当地运用多模态转换任务不仅能够促进语言要素的习得，也能促进语言技能的发展。相较于重复的听觉刺激输入，将输入与输出相结合的听说多模态训练模式不仅能显著地促进学习者对听力文本的理解，同时还能有效避免学习者因重复的语音输入而产生的疲劳效应。

（6）除了视听通道的多模态学习外，恰当地使用动觉模态信息也能有效促进汉语二语习得。例如，在汉语二语声调教学中，要求学习者在传统视听跟读方式的基础上自己用手势比画出声调的调型能显著提高其对声调的感知和产出水平。并且，这一训练方式具有普适性，无论是母语为声调语言还是非声调语言的学习者，无论是儿童还是成年学习者，动作手势都能有效促进其汉语普通话声调的习得。在汉语二语词汇学习中，在提供母语翻译基础上增加手势信息也显著促进了汉语二语词汇学习效果。

13.2 教学启示

随着多媒体教育技术的发展，采用多通道、多符号的信息进行二语教学日渐成为教学常态。如何才能更科学地配置不同模态的教学资源以实现高效的汉语二语教学是值得深入探讨的问题。本研究通过系列教学实验得到的一些结论或许能为多模态汉语二语教学提供有益的启示。

（1）应扩宽图片在词汇教学中的使用范围。在词汇教学中使用图片辅助教学是教师常用的教学手段之一。但大多数教师仅在教授具象性较强的词语时才展示图片，在教授语义较抽象的词语时则较少利用图片辅助教学。事实上，虽然图片本身较难直接指称抽象词的词义，但仍可以通过图片和句子语境的结合来辅助学习者理解抽象词的词义。例如，在教"拥护"一词时，可以选取这样一幅图片：画面的中心是学习者所熟悉的伟大领袖，其四周簇拥着支持他/她的民众。同时，在图片下方配上例句："很多人拥护+（领袖姓名）。"通过以上图文结合的方式，能够扩宽图片的使用范围，使图片不仅能用于具体词汇的教学，同时也能辅助传达抽象词语的意义。

（2）应采用多种不同的图片呈现方式进行教学。传统图片教学法多是在展示生词的同时展示与生词对应的图片，如教"松鼠"一词时，则直接展示一幅松鼠的图片。这种方法虽然能很好地促进词义的理解，但却未能进一步帮助学习者将生词整合进原有的词汇语义系统中（参见第5章）。因此，利用图片进行词汇教学时，可以考虑同时引入另一种呈现方式，即将目标生词所指称事物的图片和已学同类熟词的图片一同呈现，并通过设置一个包含目标生词的问题来学习生词。例如，在教"松鼠"时，除了传统的只展示松鼠图片的方式外，还可以同时展示一只松鼠和一只兔子（"兔子"是学习者已学过的词），但松鼠和兔子的头部朝向不同的方向（图13.1），然后向学习者提问："松鼠的头是向右的吗？"

sōng shǔ
松　鼠 的头是向右的吗？

图 13.1　快速映射的词汇学习模式

学习者在回答这一问题时，已经知道图右侧的动物在汉语中称为"兔子"而非"松鼠"，因此能够通过排除法确认"松鼠"应是指图左侧的动物，并在对比观察后对上述问题做出正确的回答。这一学习过程不仅加深了学习者对"松鼠"所指称概念的印象，同时也有助于在学习者的心理词典中建立起目标词和已知同类概念的联系，使之在心理词典的语义网络中找到对应的位置，从而促进新词与已有词汇语义系统的整合。以上这种图片学习方式被称为快速映射。有研究发现，快速映射与传统的一对一呈现生词和对应图片的学习方式有着不同的认知神经机制（Coutanche &

Thompson-Schill，2014；Merhav，et al.，2015，详见第 5 章的讨论）。将两种不同的图片呈现方式相结合能够更大限度地发挥图片的促学作用。

（3）应谨慎配置视听、视听说等多模态学习任务，避免不必要的多模态任务叠加。一方面，应视学习目标的不同决定是否采用多模态输入。我们的研究结果发现，当学习是为了促进字词习得或文本理解时，视听多模态学习具有积极效应；当学习目标是掌握新的句法结构时，视听多模态学习则起不到积极效应。因此，我们建议，在进行字词教学或阅读理解教学时，不妨通过视觉和听觉多通道输入来增强教学效果；如果教学目标是让学习者掌握句法结构形式，则可不必使用视听多模态输入方式。另一方面，应考虑多模态配置的时间序列。多种模态信息同时叠加有可能造成认知负荷过载，产生负面效应。例如，在视听任务的基础上要求学习者同步朗读并非恰当的模态配置方式，较合理的方式是将多模态信息分步呈现，如先视听，再朗读，这样既可以有效避免认知负荷过载，同时有可能增强学习者对所学内容的内化程度。

（4）应重视应用输入模态和输出模态相结合的多模态任务，如可采用包含"续"成分的学习任务来实现高效的多模态教学。有学者提出，包含输入输出模态转换的多模态学习任务有助于提高学习质量（顾曰国，2007）。这一思想在教学中具有重要的指导意义，但在具体操作中则需要注意两方面的问题。一是任务的时序安排，应避免同步输入输出而造成认知负荷过载，这一点我们在前面已有提及。二是要考虑输入输出任务之间能否产生较强的互动协同效应。我们认为，王初明（2016）提出的"续论"为我们提供了思路。王初明（2010、2011）认为，二语习得的过程应遵循以下路径：互动→理解→协同→产出→习得。诸如读后续写、读后续说等包含"续"成分的任务便符合二语习得的路径和机制，具有显著的促学功能。例如，在读后续写任务中，先为学习者提供一篇符合其语言水平的文章的前半段，要求学习者根据前文进行续写，将文章后半段补全。在这一过程中，学习者为了完成续写任务，就必须反复阅读和学习前文材料，与文本材料进行互动。互动一方面有利于学习者理解前文的内容，另一方面则有助于学习者借鉴和模仿语言表达的形式。这是由于二语学习者的语言理解和产出能力总是不平衡的，理解能力通常要远超出产出能力，学习者在续写过程中自然会借助前文的语言资源（包括词语、句法、篇章）去产出其所要表达的内容，这样便在任务中自然而然地实现了理解和产出的协同。事实上，不仅读后续写任务能够实现互动协同，其他形式的续任务，如听后续说、视听续说、读后续说、对比续说、听读续写、图文续写、对比续写、读后续译等包含"续"成分的任务都体现了互动协同的理念。我们认为，在汉语二语教学中，不妨多利用这类包含"续"成分的多模态任务进行训练。

（5）应重视动作、手势在二语教学中的作用。传统的多模态教学大多是综合利用图片、文字、声音等进行教学，较少关注动作、手势在二语教学中的作用。我们的研究发现，手势对于促进汉语声调的正确感知和产出具有显著作用。事实上，我们认为，动作、手势不仅可以运用在声调教学中，在其他语言要素的教学中同样可以使用。例如，在教动作动词时，教师不妨在讲解时加入动作演示，甚至是让学习者一边学习一边自己做出相应的动作。一些针对其他语种的二语学习研究已发现，手势有助于二语词汇的习得。例如，Kelly 等（2009）比较了听力输入、听力+匹配手势输入、听力+不匹配手势输入、反复听力输入四种教学方法对日语二语动词学习的影响。结果发现，当一边解释动词一边做出相匹配的动作时，被试记忆词汇的效果最好，并且这种记忆优势在一个星期后的延时测试中依然得到保持。还有研究发现，在法语二语教学中，让学习者做动作、手势有助于他们对固定短语的记忆。例如，在学习"On l'a échappé belle（真是千钧一发）"时，第一组被试被要求模仿视频做出用手背擦拭额头的动作，第二组被试只观看视频动作但自己并不模仿，第三组被试既没有观看视频，也没有做出模仿动作。研究结果发现，第一组被试对固定短语意义的回忆成绩显著高于另外两组（Allen，1995）。可见，动作、手势对于不同语言要素的学习均具有积极促进作用。因此，在汉语二语教学中，应重视动作、手势的运用，尤其在汉语二语教学出现低龄化的背景下，儿童汉语二语学习者越来越多，探寻适用于儿童的汉语二语教学方式显得愈发重要。采用动作、手势辅助教学恰好符合儿童的心理特点，值得在教学中加以运用和实践。

参 考 文 献

AHN S Y, JIANG N, 2018. Automatic semantic integration during L2 sentential reading [J]. Bilingualism language and cognition, 21 (2): 375-383.

ALLEN L Q, 1995. The effects of emblematic gestures on the development and access of mental representations of French expressions [J]. Modern language journal, 79 (4): 521-529.

AL-SEGHAYER K, 2001. The effect of multimedia annotation modes on L2 vocabulary acquisition: a comparative study [J]. Language learning and technology, 5 (1): 202-232.

ALGER S E, CHAMBERS A M, CUNNINGHAM T, et al., 2014. The role of sleep in human declarative memory consolidation [M]. Berlin: Springer-Verlag.

ALTARRIBA J, BAUER L M, 2004. The distinctiveness of emotion concepts: a comparison between emotion, abstract, and concrete words [J]. American journal of psychology, 117 (3): 389-410.

ANTONY J W, FERREIRA C S, NORMAN K A, et al., 2017. Retrieval as a fast route to memory consolidation [J]. Trends in cognitive sciences, 21 (8): 573-576.

ANDERSON J R, 1985. Cognitive psychology and its implications [M]. New York: Freeman.

ATKINSON D, 2002. Toward a sociocognitive approach to second language acquisition [J]. Modern language journal, 86 (4): 525-545.

ATKINSON D, CHURCHILL E, NISHINO T, et al., 2007. Alignment and interaction in a sociocognitive approach to second language acquisition [J]. The modern language journal, 91 (2): 169-188.

ATKINSON D, 2010. Extended, embodied cognition and second language acquisition [J]. Applied linguistics, 31 (5): 599-622.

ATKINSON D, 2011. A sociocognitive approach to second language acquisition: how mind, body, and world work together in learning additional languages [C] // ATKINSON D. Alternative approaches to second language acquisition. Oxford: Routledge: 143-166.

ATKINSON D, 2014. Language learning in mindbodyworld: a sociocognitive approach to second language acquisition [J]. Language teaching, 47 (4): 467-483.

BADDELEY A, 1992. Working memory [J]. Science, 255 (5044): 556-559.

BADDELEY A, 2000. The episodic buffer: a new component of working memory [J]. Trends in cognitive sciences, 4 (11): 417-423.

BADDELEY A, 2003. Working memory and language: an overview [J]. Journal of communication disorders, 36 (3): 189-208.

BADDELEY A D, HITCH G J, 1974. Working memory [M]. New York: Academic Press.

BADDELEY A, Wilson B A, 2002. Prose recall and amnesia: implications for the structure of working memory [J]. Neuropsychologia, 40 (10): 1737-1743.

BAILLS F, ALAZARD-GUIU C, PRIETO P, 2022. Embodied prosodic training helps improve accentedness and suprasegmental accuracy [J]. Applied linguistics, 43 (4): 493-524.

BALDRY A, THIBAULT P J, 2006. Multimodal transcription and text analysis [M]. London: Equinox Publishing.

BARSALOU L W, 2003. Situated simulation in the human conceptual system [J]. Language and cognitive processes, 18 (5): 513-562.

BARSALOU L W, 1999. Perceptual symbol systems [J]. Behavioral and brain sciences, 22 (4): 577-660.

BARSALOU L W, 2008. Grounded cognition [J]. Annual review psychology, 59: 617-645.

BARSALOU L W, 2009. Simulation, situated conceptualization, and prediction [J]. Philosophical transactions of the Royal Society of London, 364 (1521): 1281-1289.

BAUER P J, 2008. Toward a neuro-developmental account of the development of declarative memory [J]. Developmental psychobiology, 50 (1): 19-31.

BLOOM P, MARKSON L, 1998. Capacities underlying word learning [J]. Trends in cognitive sciences, 2 (2): 67-73.

BOBIS J, SWELLER J, COOPER M, 1993. The redundancy effect in an elementary school geometry task [J]. Learning and instruction, 3 (1): 1-21.

BOCK K, LEVELT W J M, 1994. Language production: grammatical encoding [C] // GERNSBACHER, M A. Handbook of psycholinguistics. San Diego, CA: Academic Press: 945-984.

BROWN R, WARING R, DONKAEWBUA S, 2008. Incidental vocabulary acquisition from reading, reading-while-listening, and listening to stories [J]. Reading in a foreign language, 20 (2): 136-163.

CAREY S, BARTLETT E, 1978. Acquiring a single new word [J]. Papers and reports on child language development, 15: 17-29.

CHANDLER P, SWELLER J, 1991. Cognitive load theory and the format of instruction [J]. Cognition and instruction, 8 (4): 293-332.

CHANDLER P, SWELLER J, 1992. The split-attention effect as a factor in the design of instruction [J]. British journal of educational psychology, 62 (2): 233-246.

CHANG A C S, MILLETT S, 2015. Improving reading rates and comprehension through audio-assisted extensive reading for beginner learners [J]. System, 52: 91-102.

CHAO L L, MARTIN A, 2000. Representation of manipulable man-made objects in the dorsal stream [J]. Neuroimage, 12 (4): 478-484.

CHUN D M, PLASS J L, 1996. Effects of multimedia annotations on vocabulary acquisition [J]. Modern language journal, 80 (2): 183-198.

CHURCHILL E, OKADA H, NISHINO T, et al., 2010. Symbiotic gesture and the sociocognitive visibility of grammar in second language acquisition [J]. Modern language journal, 94 (2): 234-253.

CLARK J M, PAIVIO A, 1991. Dual coding theory and education [J]. Educational psychology review, 3 (3): 149-210.

COLLINS A M, LOFTUS E F, 1975. A spreading-activation theory of semantic processing [J]. Psychological review, 82 (6): 407-428.

COUTANCHE M N, THOMPSON-SCHILL S L, 2014. Fast mapping rapidly integrates information into existing memory networks [J]. Journal of experimental psychology general, 143 (6): 2296-2303.

COUTANCHE M N, THOMPSON-SCHILL S L, 2015. Rapid consolidation of new knowledge in adulthood via fast mapping [J]. Trends in cognitive sciences, 19 (9): 486-488.

COHEN R L, 1981. On the generality of some memory laws [J]. Scandinavian journal of psychology, 22 (1): 267-281.

COHEN R L, 1983. The effect of encoding variables on the free recall of words and action events [J]. Memory and cognition, 11 (6): 575-582.

COHEN R L, 1989. Memory for action events: The power of enactment [J]. Educational psychology review, 1 (1): 57-80.

COLLINS A M, LOFTUS E F, 1975. A spreading-activation theory of semantic processing [J]. Psychological review, 82 (6): 407-428.

COPPENS L C, GOOTJES L, ZWAAN R A, 2012. Incidental picture exposure affects later reading: evidence from the N400 [J]. Brain and language, 122 (1): 64-69.

CRAIK F I M, LOCKHART R S, 1972. Levels of processing: a framework for memory research [J]. Journal of verbal learning and verbal behavior, 11 (6): 671-684.

CROOKS S M, CHEON J, INAN F, et al., 2012. Modality and cueing in multimedia learning: examining cognitive and perceptual explanations for the modality effect [J]. Computers in human behavior, 28 (3): 1063-1071.

D'AUSILIO A, PULVERMÜLLER F, SALMAS P, et al., 2009. The motor somatotopy of speech perception [J]. Current biology, 19 (5): 381-385.

DE GROOT A M B, 1992. Determinants of word translation [J]. Journal of experimental psychology: learning, memory, and cognition, 18 (5): 1001-1018.

DE GROOT A M B, DANNENBURG L, VAN HELL J G, 1994. Forward and backward word translation by bilinguals [J]. Journal of memory and language, 33 (5): 600-629.

DERWING T M, ROSSITER M J, 2003. The effects of pronunciation instruction on the accuracy, fluency, and complexity of L2 accented speech [J]. Applied language learning, 13 (1): 1-17.

DIAO Y, SWELLER J, 2007. Redundancy in foreign language reading comprehension instruction: concurrent written and spoken presentations [J]. Learning and instruction, 17 (1): 78-88.

DINGS A, 2014. Interactional competence and the development of alignment activity [J]. The modern language journal, 98 (3): 742-756.

ENGELKAMP J, KRUMNACKER H D, 1980. Imaginale und motorische prozesse beim behalten verbalen materials [Image and motor processes in the retention of verbal materials] [J]. Zeitschrift für experimentelle und angewandte psychologie [Journal of experimental and applied psychology], 27: 511-533.

ENGELKAMP J, 1998. Memory for actions [M]. Hove: Psychology Press.

ELLIS N C, 2002. Frequency effects in language processing: a review with implications for theories of implicit and explicit language acquisition [J]. Studies in second language acquisition, 24 (2): 143-188.

FARLEY A P, 2012. The concreteness effect and the bilingual lexicon: the impact of visual stimuli attachment on meaning recall of abstract L2 words [J]. Language teaching research, 16 (4): 449-462.

GALLESE V, LAKOFF G, 2005. The brain's concepts: the role of the sensory-motor system in conceptual knowledge [J]. Cognitive neuropsychology, 22 (3-4): 455-479.

GAO H H, 2010. A study of Swedish speakers' learning of Chinese noun classifiers [J]. Nordic journal of linguistics, 33 (2): 197-229.

GLENBERG A M, KASCHAK M P, 2002. Grounding language in action [J]. Psychonomic bulletin and review, 9 (3): 558-565.

GLENBERG A M, ROBERTSON D A, 1999. Indexical understanding of instructions [J]. Discourse processes, 28 (1): 1-26.

GLENBERG A M, SATO M, CATTANEO L, 2008a. Use-induced motor plasticity affects the processing of abstract and concrete language [J]. Current biology, 18 (7): R290-

R291.

GLENBERG A M, SATO M, CATTANEO L, et al., 2008b. Processing abstract language modulates motor system activity [J]. Quarterly journal of experimental psychology, 61 (6): 905-919.

GLUHAREVA D, PRIETO P, 2017. Training with rhythmic beat gestures benefits L2 pronunciation in discourse-demanding situations [J]. Language teaching research, 21 (5): 609-631.

GONG J S, 2010. Chinese classifier acquisition: comparison of L1 and L2 adult development [D]. Montana: The University of Montana.

GINNS P, 2006. Integrating information: a meta-analysis of the spatial contiguity and temporal contiguity effects [J]. Learning and instruction, 16 (6): 511-525.

GRÈZES J, DECETY J, 2002. Does visual perception of object afford action? Evidence from a neuroimaging study [J]. Neuropsychologia, 40 (2): 212-222.

GUPTA P, 2003. Examining the relationship between word learning, nonword repetition, and immediate serial recall in adults [J]. The quarterly journal of experimental psychology section A, 56 (7): 1213-1236.

HAN Z, CHEN C L A, 2010. Repeated-reading-based instructional strategy and vocabulary acquisition: a case study of a heritage speaker of Chinese [J]. Reading in a foreign language, 22 (2): 242-262.

HARDISON D M, 2003. Acquisition of second-language speech: effects of visual cues, context, and talker variability [J]. Applied psycholinguistics, 24 (4): 495-522.

HARDISON D M, 2005. Second-language spoken word identification: effects of perceptual training, visual cues, and phonetic environment [J]. Applied psycholinguistics, 26 (4): 579-596.

HAUK O, JOHNSRUDE I, PULVERMÜLLER F, 2004. Somatotopic representation of action words in human motor and premotor cortex [J]. Neuron, 41 (2): 301-307.

HE X H, LOEWEN S, 2024. How to present L2 Chinese words effectively for learning: Exploring learning outcomes and learner perceptions [J]. Studies in second language acquisition, 46 (1): 96-118.

HIRATA Y, KELLY S D, 2010. Effects of lips and hands on auditory learning of second-language speech sounds [J]. Journal of speech language and hearing research, 53 (2): 298-310.

HIRAI A, 1999. The relationship between listening and reading rates of Japanese EFL learners [J]. Modern language journal, 83 (3): 367-384.

HORST J S, SAMUELSON L K, KUCKER S C, et al., 2011. What's new? Children prefer novelty in referent selection [J]. Cognition, 118 (2): 234-244.

HORST M, COBB T, COBB T, et al., 1998. Beyond a clockwork orange: acquiring second language vocabulary through reading [J]. Reading in a foreign language, 11 (2): 207-223.

HOUSTON-PRICE C, PLUNKETT K, HARRIS P, 2005. "Word-learning wizardry" at 1; 6 [J]. Journal of child language, 32 (1): 175-189.

HULSTIJN J H, 2001. Intentional and incidental second language learning: a reappraisal of elaboration, rehearsal and automaticity [C] //ROBINSON P. Cognition and second language instruction. Cambridge: Cambridge University Press: 258-286.

HULSTIJN J H, 2003. Incidental and intentional learning [C] // DOUGHTY C, LONG M H. The handbook of second language acquisition. Oxford: Blackwell: 349-381.

JARROLD C, BADDELEY A D, HEWES A K, 1999. Dissociating working memory: evidence from Down's and Williams Syndrome [J]. Neuropsychologia, 37 (6): 637-651.

JENSEN E D, VINTHER T, 2003. Exact repetition as input enhancement in second language acquisition [J]. Language learning, 53 (3): 373-428.

JIANG N, 2000. Lexical representation and development in a second language [J]. Applied linguistics, 21 (1): 47-77.

JIANG N A, NEKRASOVA T M, 2007. The processing of formulaic sequences by second language speakers [J]. Modern language journal, 91 (3): 433-445.

KALYUGA S, CHANDLER P, SWELLER J, 2004. When redundant on-screen text in multimedia technical instruction can interfere with learning [J]. Human factors, 46 (3): 567-581.

KELLY S D, MCDEVITT T, ESCH M, 2009. Brief training with co-speech gesture lends a hand to word learning in a foreign language [J]. Language and cognitive processes, 24 (2): 313-334.

KELLY S D, HIRATA Y, MANANSALA M, et al., 2014. Exploring the role of hand gestures in learning novel phoneme contrasts and vocabulary in a second language [J]. Frontiers in psychology, 5 (2): 673.

KHALILI M, RAHMANY R, ZAREI A A, 2014. The effect of using gesture on resolving lexical ambiguity in L2 [J]. Journal of language teaching and research, 5 (5): 1139-1146.

KIEWRA K A, MAYER R E, CHRISTENSEN M, et al., 1991. Effects of repetition on recall and note-taking: strategies for learning from lectures [J]. Journal of educational psychology, 83 (1): 120-123.

KOST C R, FOSS P, LENZINI JR J J, 1999. Textual and pictorial glosses: effectiveness on incidental vocabulary growth when reading in a foreign language [J]. Foreign language annals, 32 (1): 89-97.

KRASHEN S D, 1985. The input hypothesis: issues and implications [M]. London: Longman.

KRESS G, VAN LEEUWEN T, 1996. Reading images: the grammar of visual design [M]. London: Routledge.

KRESS G, VAN LEEUWEN T, 2006. Multimodal discourse: the modes and media of contemporary communication [M]. London: Arnold.

LAKOFF G, JOHNSON M, 1999. Philosophy in the flesh: the embodied mind and its challenge to western thought [M]. New York: Basic Books.

LANGACKER R, 2008. Cognitive grammar: a basic introduction [M]. Oxford: Oxford University Press.

LAUFER B, HULSTIJN J, 2001. Incidental vocabulary acquisition in a second language: the construct of task-induced involvement [J]. Applied linguistics, 22 (1): 1-26.

LEE C H, KALYUGA S, 2011. Effectiveness of different pinyin presentation formats in learning Chinese characters: a cognitive load perspective [J]. Language learning, 61 (4): 1099-1118.

LEE J F, BENATI A, 2007. Second language processing: an analysis of theory, problems and possible solutions [M]. London: Continuum.

LIANG N S-Y, 2008. The acquisition of Chinese shape classifiers by L2 adult learners [C] // CHAN M K M, KANG H. Proceedings of the 20th North American Conference on Chinese Linguistics. Columbus: Ohio State University: 301-329.

LIBERMAN A M, COOPER F S, SHANKWEILER D P, et al., 1967. Perception of the speech code [J]. Psychological review, 74 (6): 431-461.

LIEBERMAN A M, MATTINGLY I G, 1985. The motor theory of speech perception revised [J]. Cognition, 21 (1): 1-36.

LIU Y T, TODD A G, 2014. Dual-modality input in repeated reading for foreign language learners with different learning styles [J]. Foreign language annals, 47 (4): 684-706.

LOGIE R H, DEL SALA S, WYNN V, et al., 2000. Visual similarity effects in immediate verbal serial recall [J]. The quarterly journal of experimental psychology, 53 (3): 626-646.

LONG M H, 1983. Linguistic and conversational adjustments to non-native speakers [J]. Studies in second language acquisition, 5 (2): 177-193.

LU S, WAYLAND R, KAAN E, 2015. Effects of production training and perception training on lexical tone perception-a behavioral and ERP study [J]. Brain research, 1624: 28-44.

MACEDONIA M, MUELLER K, 2016. Exploring the neural representation of novel words learned through enactment in a word recognition task [J]. Frontiers in psychology, 7: 953.

MACEDONIA M, MÜLLER K, FRIEDERICI A D, 2011. The impact of iconic gestures on foreign language word learning and its neural substrate [J]. Human brain mapping, 32 (6): 982-998.

MARKHAM P, 1999. Captioned videotapes and second-language listening word recognition [J]. Foreign language annals, 32 (3): 321-328.

MASUMOTO K, YAMAGUCHI M, SUTANI K, et al., 2006. Reactivation of physical motor information in the memory of action events [J]. Brain research, 1101 (1): 102-109.

MATHER E, PLUNKETT K, 2012. The role of novelty in early word learning [J]. Cognitive science, 36 (7): 1157-1177.

MAYER K M, MACEDONIA M, VON K K, 2017. Recently learned foreign abstract and concrete nouns are represented in distinct cortical networks similar to the native language [J]. Human brain mapping, 38 (9): 4398-4412.

MAYER K M, YILDIZ I B, MACEDONIA M, et al., 2015. Visual and motor cortices differentially support the translation of foreign language words [J]. Current biology, 25 (4): 530-535.

MAYER R E, MORENO R, 1998. A split-attention effect in multimedia learning: evidence for dual processing systems in working memory [J]. Journal of educational psychology, 90 (2): 312.

MAYER R E, 2001. Multimedia learning [M]. New York: Cambridge University Press.

MAYER R E, 2009. Multimedia learning [M]. 2nd ed. New York: Cambridge University Press.

MCCLELLAND J L, MCNAUGHTON B L, O'REILLY R C, 1995. Why there are complementary learning systems in the hippocampus and neocortex: insights from the successes and failures of connectionist models of learning and memory [J]. Psychological review, 102 (3): 419-457.

MCGAUGH J L, 2000. Memory—a century of consolidation [J]. Science, 287 (5451): 248-251.

MCGURK H, MACDONALD J, 1976. Hearing lips and seeing voices [J]. Nature, 264 (5588): 746-748.

MERHAV M, KARNI A, GILBOA A, 2015. Not all declarative memories are created equal:

fast mapping as a direct route to cortical declarative representations [J]. Neuroimage, 117: 80-92.

MILLER G A, 1956. The magical number seven, plus or minus two: some limits on our capacity for processing information [J]. Psychological review, 63 (2): 81-97.

MORENO R, MAYER R E, 2000. A learner-centered approach to multimedia explanations: deriving instructional design principles from cognitive theory [J]. Interactive multimedia electronic journal of computer-enhanced learning, 2 (2): 12-20.

MORENO R, MAYER R E, 1999. Cognitive principles of multimedia learning: the role of modality and contiguity [J]. Journal of educational psychology, 91 (2): 358-368.

NASHINO T, ATKINSON D, 2015. Second language writing as a sociocognitive alignment [J]. Journal of second language writing, 27: 37-54.

NATION P, MING-TZU K W, 1999. Graded readers and vocabulary [J]. Reading in a foreign language, 12 (2): 355-380.

NISHINO T, ATKINSON D, 2015. Second language writing as sociocognitive alignment [J]. Journal of second language writing, 27: 37-54.

NYBERG L, PETERSSON K M, NILSSON L G, et al., 2001. Reactivation of motor brain areas during explicit memory for actions [J]. Neuroimage, 14 (2): 521-528.

PAAS F, RENKL A, SWELLER J, 2003. Cognitive load theory and instructional design: Recent developments [J]. Educational psychologist, 38 (1): 1-4.

PAIVIO A, 1986. Mental representations: a dual coding approach [M]. New York: Oxford University Press.

PAIVIO A, 2007. Mind and its evolution: a dual coding theoretical approach [M]. Mahwah, NJ: Erlbaum.

PAIVIO A, 1991. Dual coding theory: retrospect and current status [J]. Canadian journal of psychology, 45 (3): 255-287.

PECHER D, ZWAAN R A, 2005. Introduction to grounding cognition: the role of perception and action in memory, language, and thinking [C] //PECHER D, ZWAAN R A. Grounding cognition: the role of perception and action in memory, language, and thinking. New York: Cambridge University Press: 1-7.

PENNEY C G, 1989. Modality effects and the structure of short-term verbal memory [J]. Memory and cognition, 17 (4): 398-422.

PICKERING M J, GARROD S, 2004. Toward a mechanistic psychology of dialogue [J]. Behavioral and brain sciences, 27 (2): 169-226.

PICKERING M J, GARROD S, 2013. An integrated theory of language production and comprehension [J]. Behavioral and brain sciences, 36 (4): 329-347.

POLIO C, 1994. Non-native speakers' use of nominal classifiers in Mandarin Chinese [J]. Journal of the Chinese language teachers association, 29 (3): 51-66.

RALPH M A, EHSAN S, BAKER G A, et al., 2012. Semantic memory is impaired in patients with unilateral anterior temporal lobe resection for temporal lobe epilepsy [J]. Brain, 135 (1): 242-258.

REED S K, 2006. Cognitive architectures for multimedia learning [J]. Educational psychologist, 41 (2): 87-98.

REID J M, 1987. Learning style preferences of ESL students [J]. TESOL quarterly, 21 (1): 87-110.

REPETTO C, PEDROLI E, MACEDONIA M, 2017. Enrichment effects of gestures and pictures on abstract words in a second language [J]. Frontiers in psychology, 8: 2136.

REPOVSŠ G, BADDELEY A, 2006. The multi-component model of working memory: explorations in experimental cognitive psychology [J]. Neuroscience, 139 (1): 5-21.

ROHDE A, TIEFENTHAL C, 2010. Fast mapping in early L2 lexical acquisition [J]. Studia linguistica, 54 (2): 167-174.

RUESCHEMEYER S A, PFEIFFER C, BEKKERING H, 2010. Body schematics: on the role of the body schema in embodied lexical-semantic representations [J]. Neuropsychologia, 48 (3): 774-781.

SADOSKI M, PAIVIO A, 2013. Imagery and text: a dual coding theory of reading and writing [M]. New York: Routledge.

SALTZ E, DONNENWERTH-NOLAN S, 1981. Does motoric imagery facilitate memory for sentences? A selective interference test [J]. Journal of verbal learning and verbal behavior, 20 (3): 322-332.

SCHMIDT R, 1990. The role of consciousness in second language learning [J]. Applied linguistics, 11 (2): 129-158.

SCHROEDER N L, CENKCI A T, 2018. Spatial contiguity and spatial split-attention effects in multimedia learning environments: a meta-analysis [J]. Educational psychology review, 30 (3): 679-701.

SHARON T, MOSCOVITCH M, GILBOA A, 2011. Rapid neocortical acquisition of long-term arbitrary associations independent of the hippocampus [J]. Proceedings of the National Academy of Sciences of the United States of America, 108 (3): 1146-1151.

SHEN H H, 2010. Imagery and verbal coding approaches in Chinese vocabulary instruction [J]. Language teaching research, 14 (4): 485-499.

SHEN H H, 2015. L1 semantic transfer in the acquisition of L2 Chinese vocabulary by advanced learners [J]. Chinese teaching in the world, 29 (2): 221-241.

SMITH C N, URGOLITES Z J, HOPKINS R O, et al., 2014. Comparison of explicit and incidental learning strategies in memory-impaired patients [J]. Proceedings of the National Academy of Sciences of the United States of America, 111 (1): 475-479.

SPIEGEL C, HALBERDA J, 2011. Rapid fast-mapping abilities in 2-year-olds [J]. Journal of experimental child psychology, 109 (1): 132-140.

STANFIELD R A, ZWAAN R A, 2001. The effect of implied orientation derived from verbal context on picture recognition [J]. Psychological science, 12 (2): 153-156.

STEFFENS M C, BUCHNER A, WENDER K F, 2003. Quite ordinary retrieval cues may determine free recall of actions [J]. Journal of memory and language, 48 (2): 399-415.

SUENOBU M, KANZAKI K, YAMANE S, et al., 1986. Listening comprehension and the process of information acquisition by non-native speakers of English [J]. International review of applied linguistics in language teaching, 24 (3): 239-248.

SWAIN M, 1985. Communicative competence: some roles of comprehensible input and comprehensible output in its development [C] //GASS S, MADDEN C. Input in second language acquisition. Rowley, MA: Newbury House: 235-253.

SWAIN M, 1995. Three functions of output in second language learning [C] //Cook G, SEIDLHOFER B. Principles and practice in applied linguistics: studies in honour of H. G. Widdowson. Oxford: Oxford University Press: 125-144.

SWELLER J, 1988. Cognitive load during problem solving: effects on learning [J]. Cognitive science, 12 (2): 257-285.

SWELLER J, 2005. The redundancy principle in multimedia learning [C] //MAYER R E. The Cambridge handbook of multimedia learning. New York: Cambridge University Press: 159-167.

SWELLER J, CHANDLER P, 1994. Why some material is difficult to learn [J]. Cognition and instruction, 12 (3): 185-233.

SWELLER J, VAN MERRIËNBOER J J G, PAAS F, 1998. Cognitive architecture and instructional design [J]. Educational psychology review, 10 (3): 251-296.

SWELLER J, VAN MERRIËNBOER J J G, PAAS F, 2019. Cognitive architecture and instructional design: 20 years later [J]. Educational psychology review, 31 (2): 261-292.

TAGUCHI E, TAKAYASU-MAASS M, GORSUCH G J, 2004. Developing reading fluency in EFL: how assisted repeated reading and extensive reading affect fluency development [J]. Reading in a foreign language, 16 (2): 70-96.

TAMMINEN J, GASKELL M G, 2013. Novel word integration in the mental lexicon: evidence from unmasked and masked semantic priming [J]. Quarterly journal of experimental psychology, 66 (5): 1001-1025.

TELLIER M, 2008. The effect of gestures on second language memorisation by young children [J]. Gesture, 8 (2): 219-235.

TENG F, 2018. Incidental vocabulary acquisition from reading-only and reading-while-listening: a multi-dimensional approach [J]. Innovation in language learning and teaching, 12 (3): 274-288.

TROFIMOVICH P, KENNEDY S, 2014. Interactive alignment between bilingual interlocutors: Evidence from two information-exchange tasks [J]. Bilingualism: cognition and language, 17 (4): 822-836.

TUCKER M, ELLIS R, 2001. The potentiation of grasp types during visual object categorization [J]. Visual cognition, 8 (6): 769-800.

TUCKER M, ELLIS R, 2004. Action priming by briefly presented objects [J]. Acta psychologica, 116 (2): 185-203.

Vicari S, Carlesimo G A, 2002. Children with intellectual disabilities [C] //BADDELEY A D, KOPELMAN M D, WILSON B A. Handbook of memory disorders. 2nd ed. Hoboken: John Wiley and Sons: 501-520.

VU D V, PETERS E, 2022. Incidental learning of collocations from meaningful input: a longitudinal study into three reading modes and factors that affect learning [J]. Studies in second language acquisition, 44 (3): 685-707.

WANG Y, JONGMAN A, SERENO J A, 2003. Acoustic and perceptual evaluation of Mandarin tone productions before and after perceptual training [J]. Journal of the Acoustical Society of America, 113 (2): 1033-1043.

WANG Y, SPENCE M M, JONGMAN A, et al., 1999. Training American listeners to perceive Mandarin tones [J]. Journal of the Acoustical Society of America, 106 (6): 3649-3658.

WANG Y, BEHNE D M, JIANG H, 2008. Linguistic experience and audio-visual perception of non-native fricatives [J]. Journal of the Acoustical Society of America, 124 (3): 1716-1726.

WANG C M, HONG W, 2021. An alignment-based approach to L2 learning of Chinese numeral classifiers [J]. Chinese journal of applied linguistics, 44 (3): 335-350.

WANG C M, WANG M, 2015. Effect of alignment on L2 written production [J]. Applied linguistics, 36 (5): 503-526.

WARREN D E, DUFF M C, 2014. Not so fast: hippocampal amnesia slows word learning despite successful fast mapping [J]. Hippocampus, 24 (8): 920-933.

WATKINS K E, STRAFELLA A P, PAUS T, 2003. Seeing and hearing speech excites the motor system involved in speech production [J]. Neuropsychologia, 41 (8): 989-994.

WATKINS K, PAUS T, 2004. Modulation of motor excitability during speech perception: the role of Broca's area [J]. Journal of cognitive neuroscience, 16 (6): 978-987.

WEBB S, CHANG A C, 2012. Vocabulary learning through assisted and unassisted repeated reading [J]. Canadian modern language review, 68 (3): 267-290.

WENX H, 2012. A daunting task? The acquisition of the Chinese ba-construction by nonnative speakers of Chinese [J]. Journal of Chinese linguistics, 40 (1): 216-240.

WINOCUR G, MOSCOWITCH M, BONTEMPI B, 2010. Memory formation and long-term retention in humans and animals: convergence towards a transformation account of hippocampal-neocortical interactions [J]. Neuropsychologia, 48 (8): 2339-2356.

WONG W, 2001. Modality and attention to meaning and form in the input [J]. Studies in second language acquisition, 23 (3): 345-368.

YEH W, BARSALOU L W, 2006. The situated nature of concepts [J]. American journal of psychology, 119 (3): 349-384.

YEH Y, WANG C W, 2003. Effects of multimedia vocabulary annotations and learning styles on vocabulary learning [J]. CALICO journal, 21 (1): 131-144.

YOSHII M, FLAITZ J, 2002. Second language incidental vocabulary retention: the effect of text and picture annotation types [J]. CALICO journal, 20 (1): 33-58.

ZHANG J, LU X, 2013. Variability in Chinese as a foreign language learner's development of the Chinese numeral classifier system [J]. The modern language journal, 97 (S1): 46-60.

ZWAAN R A, YAXLEY R H, 2003. Spatial iconicity affects semantic relatedness judgments [J]. Psychonomic bulletin review, 10 (4): 954-958.

ZWAAN R A, YAXLEY R H, 2004. Lateralization of object-shape information in semantic processing [J]. Cognition, 94 (2): B35-B43.

ZWAAN R A, MADDEN C J, YAXLEY R H, et al., 2004. Moving words: dynamic representations in language comprehension [J]. Cognitive science, 28 (4): 611-619.

ZWAAN R A, STANFIELD R A, YAXLEY R H, 2002. Language comprehenders mentally represent the shapes of objects [J]. Psychological science, 13 (2): 168-171.

蔡整莹, 曹文, 2002. 泰国学生汉语语音偏误分析 [J]. 世界汉语教学 (2): 86-92.

陈永香, 朱莉琪, TWILATARDIF, 等, 2009. 词汇学习中"快速映射"现象的机制 [J]. 心理科学进展 (1): 71-77.

陈忠敏, 2015. 肌动理论和语言认知 [J]. 外国语 (上海外国语大学学报) (2): 15-24.

戴劲, 2007. 输入方式, 输入次数与语篇理解 [J]. 外语教学与研究 (4): 285-293.

邓丹, 林雨箐, 2017. 感知训练方法在汉语语音教学中的应用研究 [J]. 云南师范大学学报 (对外汉语教学与研究版) (3): 21-27.

冯聪, 2014. 一语与二语阅读理解中语言与视觉表征的交互过程 [C] //第六届中国第二语言习得研究国际研讨会论文. 杭州: 浙江大学.

伏学凤, 2005. 汉语作为第二语言教学中的量词研究 [J]. 语言文字运用 (2): 141-141.

伏学凤, 2007. 初、中级日韩留学生汉语量词运用偏误分析 [J]. 语言文字应用 (S1): 29-32.

高珊, 江新, 2015. 词边界对第二语言学习者汉语阅读的影响 [J]. 语言教学与研究 (4): 8-16.

高珊, 2017. 母语者和第二语言学习者汉语阅读中语块加工优势的眼动研究 [J]. 世界汉语教学 (4): 560-575.

顾琦一, 臧传云, 2011. 输入模态对第二语言理解和附带词汇习得的影响 [J]. 解放军外国语学院学报 (3): 55-59.

顾曰国, 2007. 多媒体, 多模态学习剖析 [J]. 外语电化教学 (2): 3-12.

国家汉办, 孔子学院总部, 2009. 新汉语水平考试大纲: HSK 四级 [M]. 北京: 商务印书馆.

国家汉办, 孔子学院总部, 2009. 新汉语水平考试大纲: HSK 五级 [M]. 北京: 商务印书馆.

国家汉办, 孔子学院总部, 2010. 新汉语水平考试大纲: HSK 六级 [M]. 北京: 商务印书馆.

国家汉办, 教育部社科司, 2010. 汉语国际教育用音节汉字词汇等级划分 [M]. 北京: 北京语言大学出版社.

官群, 2007. 具身认知观对语言理解的新诠释: 心理模拟: 语言理解的一种手段 [J]. 心理科学 (5): 1252-1256.

官群, 2019. 具身语言学: 人工智能时代的语言科学 [M]. 北京: 科学出版社.

郝红艳, 2015. "读后续写"练习对汉语名量词促学促用效果研究 [J]. 广东外语外贸大学学报 (6): 90-94.

胡清国, 2012. 中高级留学生汉语量词习得的调查与分析 [J]. 语言教学与研究 (5): 48-54.

黄月圆, 杨素英, 2004. 汉语作为第二语言的"把"字句习得研究 [J]. 世界汉语教学 (1): 49-59.

贾琳, 王建勤, 2013a. 视觉加工对英语母语者汉语声调产出的影响 [J]. 华文教学与研究 (4): 30-34.

贾琳，王建勤，2013b. 视觉加工对英语母语者汉语声调感知的影响［J］. 世界汉语教学（4）：548-557.

金檀，李百川，2016. 汉语文本指难针［DB/OL］.（2016-12-10）. http：//www.languagedata.net/editor/.

靳洪刚，2017. 汉字加工研究对汉字阅读教学的启示［J］. 国际汉语教学研究（2）：10-17.

姜琳，陈锦，2015. 读后续写对英语写作语言准确性、复杂性和流利性发展的影响［J］. 现代外语（3）：366-375.

姜琳，涂孟玮，2016. 读后续写对二语词汇学习的作用研究［J］. 现代外语（6）：819-829.

李红，李于南，2007. 多媒体词汇注释模式对英语新词词义学习和记忆的影响［J］. 外语与外语教学（12）：8-11.

李英，邓小宁，2005. "把"字句语法项目的选取与排序研究［J］. 语言教学与研究（3）：50-58.

李其维，2008. "认知革命"与"第二代认知科学"刍议［J］. 心理学报（12）：1306-1327.

李红印，1995. 泰国学生汉语学习的语音偏误［J］. 世界汉语教学（2）：66-71.

卢植，2003. 认知与外语多媒体教学设计［J］. 外语教学（4）：47-50.

卢娜，郑艳群，2008. 面向对外汉语教学的动词多媒体释义研究［C］//张普，徐娟，甘瑞瑗. 数字化汉语教学进展与深化. 北京：清华大学出版社.

鹿士义，彭聪，2022. 具身认知理论下的二语习得［J］. 华文教学与研究（1）：31-37.

刘凌，秦晓晴，2014. 词汇呈现方式对英语词汇学习影响的实证研究［J］. 外语界（2）：67-75.

刘若云，洪炜，2013. 多媒体教学的尝试及学生看法调查：以初级综合课词汇、语法教学为例［J］. 海外华文教育（1）：3-7.

刘颂浩，2001. 对外汉语听力教学研究述评［J］. 世界汉语教学（3）：93-107.

刘颂浩，汪燕，2003. "把"字句练习设计中的语境问题［J］. 汉语学习（4）：59-66.

刘艳，倪传斌，2018. 视听续说的即时协同与延时促学效应［J］. 现代外语（6）：793-804.

满莉，2005. 输入输出理论与听说训练［J］. 台州学院学报（2）：54-57.

莫雷，伍丽梅，王瑞明，2006. 物体的空间关系对语义相关判断的影响［J］. 心理科学（4）：770-773.

荣盈盈，戴培兴，阮瑾，等，2012. 论视觉多模态话语的符号间性与认知功效［J］. 东华大学学报（社会科学版）（2）：114-118.

阮瑾，戴培兴，2012. 多模态语言输入与英语阅读效果研究［J］. 西安外国语大学学报

（3）：67-69.

苏新春，2013. 现代汉语分类词典［M］. 北京：商务印书馆.

孙悦，张劲松，解焱陆，等，2013. 日本学生汉语阳平和上声的知觉训练效果的初步分析［J］. 清华大学学报（自然科学版）（6）：921-924.

唐剑岚，周莹，2008. 认知负荷理论及其研究的进展与思考［J］. 广西师范大学学报（哲学社会科学版）（2）：75-83.

唐翠菊，2001. 现代汉语重动句的分类［J］. 世界汉语教学（1）：80-86.

田靓，2012. 汉语作为外语/第二语言教学的"把"字句研究［D］. 北京：北京大学.

王初明，2007. 论外语学习的语境［J］. 外语教学与研究（3）：190-197.

王初明，2009. 学相伴，用相随［J］. 中国外语（5）：53-59.

王初明，2010. 互动协同与外语教学［J］. 外语教学与研究（4）：297-299.

王初明，2012. 读后续写：提高外语学习效率的一种有效方法［J］. 外语界（5）：2-7.

王初明，2013. 哪类练习促学外语［J］. 当代外语研究（2）：28-31.

王初明，2014. 内容要创造，语言要模仿：有效外语教学和学习的基本思路［J］. 外语界（2）：42-48.

王初明，2015. 读后续写何以有效促学［J］. 外语教学与研究（5）：753-762.

王初明，2016a. "学伴用随"教学模式的核心理念［J］. 华文教学与研究（1）：56-63.

王初明，2016b. 以"续"促学［J］. 现代外语（6）：784-793.

王初明，王启，2025. 续说与续写产出模态促学语言的对比研究［J］. 外语教学与研究（1）：58-65.

王慧莉，赵韫晗，2020. 隐含形状信息在二语句子理解中的表征研究［J］. 天津外国语大学学报（5）：70-79.

王敏，王初明，2014. 读后续写的协同效应［J］. 现代外语（4）：501-512.

王启，王初明，2024. 高效促学外语须将语言产出与理解紧密关联：来自读后续说结构启动的证据［J］. 中国外语（6）：55-76.

王启，王凤兰，2016. 汉语二语读后续写的协同效应［J］. 现代外语（6）：794-805.

王瑞明，莫雷，李利，等，2005. 言语理解中的知觉符号表征与命题符号表征［J］. 心理学报（2）：143-150.

伍丽梅，莫雷，王瑞明，2006. 动词理解中空间表征的激活过程［J］. 心理学报（5）：663-671.

武卫，许洪，2009. 多媒体环境下不同形式的注释对二语词汇附带学习的影响［J］. 解放军外国语学院学报（1）：44-49.

肖婷，2013. 协同对提高二语准确性的影响［D］. 广州：广东外语外贸大学.

肖家燕，李恒威，2008. 认知的涉身性与EFLT情境化学习［J］. 襄阳职业技术学院学报（5）：58-60.

辛斐，袁宏，2015. 睡眠的记忆巩固功能 [J]. 心理学进展（5）：199-206.

许先文，2010. 具身认知：语言认知研究的跨学科取向 [J]. 广西师范大学学报（哲学社会科学版）（6）：96-101.

许先文，2014. 语言具身认知研究 [M]. 北京：人民出版社.

薛慧航，2013. 浅析"读后续写"中趣味性对协同的影响 [D]. 广州：广东外语外贸大学.

谢久书，王瑞明，张昆，等，2012. 不同类型的知觉刺激对语言理解的影响 [J]. 心理发展与教育（5）：502-509.

叶浩生，2010. 具身认知：认知心理学的新取向 [J]. 心理科学进展（5）：705-710.

叶浩生，2011. 有关具身认知思潮的理论心理学思考 [J]. 心理学报（5）：589-598.

袁焱，龙伟华，2006. 汉泰名量词比较研究：从泰国学生偏误谈起 [J]. 云南师范大学学报（对外汉语教学与研究版）（1）：75-79.

于善志，张雨，2020. 二语情感抽象概念加工的具身认知研究 [J]. 宁波大学学报（人文科学版）（6）：102-107.

喻江，2007. 声调教学新教案 [J]. 语言教学与研究（1）：77-81.

张宝林，2010. 回避与泛化：基于"HSK 动态作文语料库"的"把"字句习得考察 [J]. 世界汉语教学（2）：263-278.

张博，2018. 提高汉语第二语言词汇教学效率的两个前提 [J]. 世界汉语教学（2）：241-255.

张恩涛，方杰，林文毅，等，2013. 抽象概念表征的具身认知观 [J]. 心理科学进展（3）：429-436.

张林军，2010. 知觉训练在第二语言语音习得中的作用：兼论对外汉语的语音习得和教学研究 [J]. 云南师范大学学报（对外汉语教学与研究版）（1）：8-12.

张园，2006. 中级汉语阅读与写作教程Ⅰ [M]. 北京：北京大学出版社.

郑航，李慧，王一一，2016. 语境中语块的加工及其影响因素：以中级汉语学习者为例 [J]. 世界汉语教学（3）：401-418.

郑艳群，陈文慧，2006. HSK 名词图片表达方法研究 [J]. 世界汉语教学（4）：107-115.

朱建斌，张双华，2014. 输入模态对认知负荷及听力成绩的影响 [J]. 长春工程学院学报（社会科学版）（2）：142-145.

朱鑫，2013. 输入模态、频次对二语篇章理解的影响 [D]. 无锡：江南大学.

朱永生，2007. 多模态话语分析的理论基础和研究方法 [J]. 外语学刊（5）：82-86.

附录 1

实验一 （初级）目标生词表（32 词）

抽象词 1	抽象词 2	具体词 1	具体词 2
信号	流程	彩虹	把手
压力	几何	抽屉	话筒
趋势	耐力	奖杯	围巾
差别	神态	柱子	钞票
预测	留恋	游行	按摩
巴结	安慰	发芽	摇晃
拥护	评价	安装	发抖
欣赏	代替	鼓掌	放牧

实验二 (中级) 目标生词表 (32 词)

抽象词 1	抽象词 2	具体词 1	具体词 2
信念	配方	稻谷	纽扣
分歧	毅力	城堡	细菌
荣誉	危机	雕塑	标本
步骤	负担	贝壳	拐杖
干扰	背叛	解剖	旋转
繁殖	构思	颁发	欢呼
奉献	搭配	奔驰	枯萎
追捧	领悟	训斥	昏迷

附录 2

（一）

这个周末，爸爸妈妈出差了，小静请她的外国朋友小云、明河、大卫和金浩去她家做客。

为了招待朋友们，小静重新布置了一下她的房间。房间的墙上原来有一幅风景画，小静觉得不好看，**就把它送给别人了**。她最喜欢的明星是 Rihanna。**她把 Rihanna 的海报贴在墙上**，整个房间立刻变漂亮了。接着小静开始收拾房间，她的桌子上、椅子上都放了很多东西，朋友来了没有地方坐。于是，**小静把不看的书放在书架上**，**把钱包、钥匙放进书包里**，**把脏衣服放在盆子里**。还有几本好看的漫画书，小静已经看完了，她打算等朋友们来了，**把这些书送给他们**。房间布置好以后，小静又出去了一趟，买了许多水果、饮料和菜。

大家来了以后，小静分别给每个人布置了任务：大卫负责洗菜、切菜，明河和小云负责做菜，金浩负责洗碗，她自己负责收拾厨房（kitchen）、倒（empty，tip out）垃圾。

大卫很快就把菜洗干净了。 明河和小云在厨房里忙着做菜。小静他们在客厅里听着音乐，闻着菜的香味，饿得不得了。不到一个小时，**明河和小云就把菜做好了**。他们做的菜都很香，明河做的红烧肉特别好吃。**大家把所有的菜都吃完了**，每个人都吃得很饱。

大家吃饱了休息的时候，**金浩很快就把碗洗干净了。小静最后把厨房收拾整齐，把垃圾桶倒空了以后**，就和大家一起开心地看电影了。

（二）

这个周末，金浩请小云、明河、大卫和小静到他的宿舍来开新年 party。

要开 party，就要重新布置宿舍，还要买一些食物。大家从下午三点就开始忙了，金浩分别给每个人分配了任务：他自己和大卫负责装饰（decorate）宿舍，明河和小静负责买东西，小云负责打扫卫生。

大卫经常运动，力气很大，**他一个人就把二十多个气球吹好了。他把气球挂在墙上**，气球五颜六色，好看极了。小静带来了对联（Chinese couplets）和"福"字，<u>大卫和金浩一起把对联贴在门的两边，把"福"字贴在门的中间</u>。明河和小静去超市买了很多好吃的东西，有KFC的鸡肉汉堡，有饼干、巧克力等，还有可乐和啤酒。他们回来的时候，<u>大卫和金浩已经把宿舍布置好了，也把房间打扫干净了</u>，金浩的宿舍看起来又干净又漂亮。

他们忙了一下午，都饿得不得了，<u>大家很快就把买来的鸡肉汉堡吃完了</u>，接着就开始玩游戏。有一个游戏是贴"鼻子"，很好玩。金浩画了一张没有鼻子的脸，贴在墙上。大家闭上眼睛轮流贴"鼻子"。<u>金浩把鼻子贴在嘴巴上了，小云把鼻子贴在眼睛上了，明河把鼻子贴在头发上了</u>，其他人哈哈大笑，玩得真开心！金浩后来搬出了自己的足球游戏桌，男生玩桌上足球，<u>女生把电视打开</u>，一起看电视。

大概九点半，<u>大家一起把金浩的宿舍收拾整齐</u>，然后就跟金浩告别了。真是愉快的一天呀！

附录 3

玛丽的房间

这是玛丽的房间。她的房间里有一**扇**(shàn)窗。窗的旁边挂着一**面**镜子和一**条**毛巾,镜子前面的桌子上放着一**盆**(pén)花和一**瓶**水。

房间的左边是一**张**大床,床上放着一个枕头、一**床**被子和一**些**脏衣服。床的旁边放着一**盏**(zhǎn)灯,灯的旁边放着一**盘**(pán)水果和一**卷**(juǎn)纸。

床的对面是玛丽学习用的桌子。桌子上放着一**台**电脑、一**支**笔、一**包**饼干、一**杯**咖啡和一**串**钥匙。桌子旁边的柜子里放着几**双**鞋,有运动鞋、皮鞋、高跟鞋……柜子上面是一**块**手表。因为最近常常下雨,所以玛丽在柜子的旁边放了一**把**雨伞。

玛丽房间的墙上也有不少东西。除了镜子以外,左边和右边的墙上还分别挂着一**幅**(fú)画和一**部**电视机。她的房间没有放衣服的柜子,所以衣服挂在墙上,你看,电视机旁边就挂着一**件**衣服和一**顶**(dǐng)帽子。

对了,她还有一**只**可爱的小猫呢!玛丽有时喜欢坐在地上抱着小猫,一边看书一边吃东西。你看,房间的地上还放着一**堆**(duī)书和一**盒**(hé)巧克力呢!

附录4

听力短文材料

【1】大卫学汉语的时间不长,【2】但是他对汉语很感兴趣。【3】有一次,王兰请大卫去参加她的生日晚会。【4】大卫非常高兴,【5】他决定在晚会上用汉语和大家谈话。【6】晚会开始的时候,大家都拿起酒杯向王兰表示祝贺,【7】大卫用汉语对王兰说:"祝你生日快乐!【8】你今天真漂亮!"【9】王兰高兴地说:"哪里,哪里!"【10】大卫觉得很奇怪,【11】她为什么让我说出什么地方漂亮呢?【12】但是大卫还是很有礼貌地说:"你的眼睛很漂亮!"【13】没想到王兰还是回答说:"哪里,哪里!"【14】大卫这次只好说:"你的头发、耳朵、嘴都很漂亮!"【15】王兰听了很不好意思。【16】大家都笑了。

附录 5

声调感知测试材料

请仔细听下列音节并标出你听到的声调,每个音节读两次。

第一部分:

zha	chou	heng	qing	qi	lü	hu	nie
sui	que	shun	quan	she	nai	lan	lin
ji	xu	lu	die	zhui	jue	dun	xun

第二部分:

re	pai	mang	liang	bi	xu	hu	niu
shuo	jue	chuan	juan	zha	chai	ceng	pin
di	ju	zhu	tiao	chui	nüe	shuang	xun

第三部分:

fa	zhei	san	mian	ji	ju	hu	liu
hui	jue	chun	xiong	zhi	gai	xing	ling
mi	qu	tu	xie	tuo	xue	nun	jun

第四部分:

na	mao	zhan	ding	xi	xu	cu	qie
shui	que	huan	jiong	mo	bao	gan	qiang
mi	nü	du	niao	kua	jue	hun	juan

声调产出测试材料

请读出下面的拼音，每个拼音读两次。

第一部分：

juǎn	hùn	jué	kuǎ	niǎo	dū	nǚ	mì
qiàng	gàn	bāo	mō	jiǒng	huàn	qué	shuǐ
qiě	cū	xǔ	xì	dìng	zhàn	māo	ná

第二部分：

jūn	nún	xuě	tuò	xié	tú	qū	mǐ
lǐng	xīng	gài	zhí	xióng	chún	jué	huī
liú	hú	jū	jǐ	miǎn	sān	zhèi	fá

第三部分：

xún	dǔn	juē	zhuī	diē	lǔ	xú	jí
līn	lǎn	nǎi	shè	quàn	shǔn	quē	suì
niē	hù	lǘ	qí	qīng	hěn	chǒu	zhà

第四部分：

xùn	shuāng	nüè	chuí	tiào	zhù	jù	dī
pín	céng	chái	zhǎ	juān	chuān	juè	shuō
niù	hǔ	xù	bī	liáng	máng	pái	rě

声调训练音节表

说明：训练材料共 5 套，下表为其中 1 套。

pá	pāo	lǎng	lǐn	qī	nǔ	tù	diào
huài	jué	chūn	qūn	zhě	tài	gěng	xǐn
mī	jǔ	mù	piě	cuó	xué	duān	juān
kǎ	mèi	fàn	nìng	lǐ	jū	rú	diāo
huī	què	guàn	jiǒng	bá	tǎo	gàn	piàn
jǐ	xū	chú	niē	zuō	juè	cuàn	juǎn
zhā	hǒu	zān	liáng	mí	lǜ	zū	liě
suǐ	quē	nòng	qióng	shā	zhāo	shāng	qián
tí	jù	zhū	diào	huǐ	xuē	huáng	quán
nè	zéi	mèn	biān	dì	xú	kǔ	dié
guò	juě	duǎn	juàn	pó	sháo	pán	qiān
pì	jú	tǔ	miáo	kuí	xuě	gǔn	quàn

附录 6

实验目标词列表

序号	目标词	拼音	英文翻译	序号	目标词	拼音	英文翻译
1	诚恳	chéng kěn	sincere	10	完整	wán zhěng	intact
2	光滑	guāng huá	smooth	11	纤瘦	xiān shòu	slim
3	健壮	jiàn zhuàng	strong	12	欣喜	xīn xǐ	happy
4	宽阔	kuān kuò	broad	13	羞怯	xiū qiè	timid
5	浪漫	làng màn	romantic	14	悬殊	xuán shū	lopsided
6	疲劳	pí láo	tired	15	炎热	yán rè	hot
7	平衡	píng héng	balanced	16	镇定	zhèn dìng	calm
8	柔软	róu ruǎn	soft	17	卓越	zhuó yuè	outstanding
9	舒坦	shū tan	comfortable	18	自豪	zì háo	proud

附录 7

词汇测试题

一、听读音，选择正确的词语。Listen and choose the correct words.

1) A. 纤瘦   B. 仟痒   C. 纤病
2) A. 悬殊   B. 县殊   C. 垦珠
3) A. 城恳   B. 铖垦   C. 诚恳
4) A. 目豪   B. 自豪   C. 自毫
5) A. 着怯   B. 羞怯   C. 差却
6) A. 浪漫   B. 狼慢   C. 娘漫
7) A. 炎熟   B. 焱热   C. 炎热
8) A. 柔软   B. 柔欢   C. 柔坎
9) A. 痛劳   B. 瘦荣   C. 疲劳
10) A. 填定   B. 镇定   C. 慎宝
11) A. 抒坦   B. 纾但   C. 舒坦
12) A. 欣嘻   B. 欣喜   C. 钦喜
13) A. 伞衡   B. 平衡   C. 干街
14) A. 光滑   B. 兴猾   C. 兴滑
15) A. 觉闪   B. 宽问   C. 宽阔
16) A. 卓越   B. 早越   C. 桌趋
17) A. 完歪   B. 玩整   C. 完整
18) A. 键壮   B. 健壮   C. 毽状

二、听词语，写出词语的意思。Listen and translate the words.
（测试本题时，停止屏幕共享）

1) 炎热   2) 柔软   3) 疲劳   4) 镇定   5) 舒坦   6) 纤瘦
7) 卓越   8) 完整   9) 健壮   10) 平衡   11) 光滑   12) 宽阔
13) 自豪   14) 羞怯   15) 浪漫   16) 悬殊   17) 诚恳   18) 欣喜

三、看词语，写出词语的意思。Translate the following words.
（测试本题时，恢复屏幕共享）

1）健壮	2）柔软	3）悬殊
4）浪漫	5）光滑	6）自豪
7）疲劳	8）完整	9）炎热
10）纤瘦	11）羞怯	12）平衡
13）欣喜	14）宽阔	15）卓越
16）诚恳	17）舒坦	18）镇定